APRENDA INGLÉS
SIN MAESTRO

Isabel Baker

editores mexicanos unidos, s. a.

EMU

Serie Varios

D. R. © Editores Mexicanos Unidos, S. A.
Luis González Obregón 5, Col. Centro,
Cuauhtémoc, 06020, D. F.
Tels. 55 21 88 70 al 74
Fax: 55 12 85 16
editmusa@prodigy.net.mx
www.editmusa.com.mx

Coordinación editorial: Sonia Miró
Portada: Carlos Varela
Formación y corrección: equipo de producción de
Editores Mexicanos Unidos, S. A.

Miembro de la Cámara Nacional
de la Industria Editorial. Reg. Núm. 115.

1a. edición, en esta presentación: mayo 2013

ISBN (título)   978-607-14-1469-4
ISBN (serie)   978-607-14-0996-6

Impreso en México
Printed in Mexico

PRONOMBRES PERSONALES

Yo	**I**	*(ai)*
tú	**you**	*(iu)*
él	**he**	*(jí)*
ella	**she**	*(shi)*
cosa o animal	**it**	*(ít)*
nosotros	**we**	*(ui)*
ellos		
ellas	**they**	*(dei)*
ustedes	**you**	*(iu)*

Nota gramatical: observe que en inglés you puede indicar, según el caso: usted, tú, ustedes. Representa a dos pronombres del idioma español.

VERBO TO BE (SER)

Conjugación:

- **I am a doctor.**
  Yo soy doctor.

- **You are a doctor.**
  Tú eres doctor.

- **We are doctors.**
  Nosotros somos doctores.

- **They are doctors.**
  Ellas son doctoras.
  Ellos son doctores.

- **I am your nurse.**
  Yo soy su enfermera
  (aím iurnérs).

I am	yo soy	*(aí ám)*
You are	tú eres, usted es, ustedes son	*(íu ár)*
We are	nosotros somos, nosotras somos	*(ui ár)*
They are	ellos, ellos son	*(dei ár)*

Nota: en inglés they se usa para el pronombre de ellos y ellas. Según a quienes se refiera se traducirá en femenino o masculino plural.

VERBO TO BE

• **He is**	él es	*(jí is)*
• **She is**	ella es	*(shí is)*
• **It is**	es (cosa o animal)	*(ít is)*

He is a doctor	él es doctor	*(jí is a dóktor)*
She is a doctor	ella es doctora	*(shí is a dóktor)*
It is a cat	es un gato	*(ít is a kát)*
It is a door	es una puerta	*(ít is a dór)*

Nota gramatical: con he, she, it (las terceras personas) se usa is. El verbo to be se traduce como es

Orden de la oración

Sujeto	Verbo	Complemento
I	am	a doctor
He	is	a doctor
She	is	a doctor
It	is	a cat
We	are	doctors
You	are	doctors
They	are	doctors

Nota: con we, you, they, la forma del verbo to be es: are.

• **They are surprised**
(dei ar sórprais).
Ellos están sorprendidos.

VERBO TO BE (SER) TIEMPO PRESENTE

Con: **he, she, it**

* **He is a lawyer**
  (ji is a lóyer).
  Él es abogado.

* **She is a nurse**
  (shí is a nérs).
  Ella es enfermera.

* **It is a cat**
  (ít is a kat).
  Es un gato.

* **Peter is an executive**
  (píter is an eksékiutiv).
  Pedro es un ejecutivo.

* **It is a bus**
  (ít is a bós).
  Es un camión.

VERBO TO BE

I am	Yo soy	*(ai am)*
You are	Tú eres, usted es	*(iu ár)*
He is	Él es	*(jí is)*
She is	Ella es	*(shí is)*
It is	Es (cosa o animal)	*(ít is)*
We are	Nosotros somos	*(uí ár)*
You are	Ustedes son	*(iu ár)*
They are	Ellos son	
	Ellas son	**(dei ár)**

VERBO TO BE (TIEMPO PRESENTE) (SER)

* **They are miners**
  (dey ar máiners).
  Ellos son mineros.

* **We are doctors**
  (güi ar dóctors).
  Nosotros somos doctores.

* **You are carpenters**
  (iu ar cárpenters).
  Ustedes son carpinteros.

* **My father and I are doctors**
  (mái fáder and ái ar dóctors).
  Mi padre y yo somos doctores.

- **We are clerks**
  (ui ár clérks).
  Somos empleados.

Sustitución de sustantivos por pronombres:

Alice is my daughter:
(Alicia es mi hija.)

She is my daughter.
(Ella es mi hija.)

Juan and Pedro are:
(Juan y Pedro son.)

They are.
(Ellos son.)

Pedro is my son:
(Pedro es mi hijo.)

He is my son.
(Él es mi hijo.)

VERBO TO BE. ARTÍCULOS A-AN

- **He is an engineer**
  (ji is an ínyinier).
  Él es ingeniero.

- **She is an actress**
  (shí is an áctres).
  Ella es actriz.

- **It is a house**   • **She is a young girl**
  (it is a jáus).   *(shís a yoún gerl)*.
  Es una casa.   Ella es una muchacha jovencita.

ARTÍCULO INDEFINIDO A-AN

Se traduce, según el caso, como: un, una, unos, unas. Como observará, en inglés se usa más que en español. Ejemplo:

- *Mary is a clerk - Mary es empleada*
  Delante de vocal se usa an = He is an engineer.

AFIRMACIONES CON EL VERBO TO BE
USANDO CONTRACCIONES

- **I'm a good teacher**
  (áim a gud tícher).
  Soy un buen maestro.

- **You're good carpenters**
  (iur gud cárpenters).
  Ustedes son buenos carpinteros.

- **We're doctors**
  (guíer dóktors).
  Nosotros somos doctores.

- **They're executives**
  (déir eksékiutivs).
  Ellos son ejecutivos.

- **She's the seamstress**
  (shí is de símstres).
  Ella es la costurera.

- **She's the cooker**
  (shís de kúker).
  Ella es la cocinera.

- **It's a good horse**
  (íts a gud jórs).
  Es un buen caballo.

- **He's the boss**
  (jís de bós).
  Él es el jefe.

Nota gramatical: las contracciones son definitivamente la forma más usada en inglés hablado. Practíquelas mucho.

I am	I'm	*(aim)*
You are	You're	*(iur)*
He is	He's	*(jís)*
She is	She's	*(shís)*
It is	It's	*(íts)*
We are	We're	*(guíer)*
We are	We're	(guíer)
You are	You're	*(íur)*
They are	They're	*(déir)*

Repaso del verbo to be
con contracciones

Observe el uso del verbo to be tanto para el verbo ser como para
estar = Yo soy secretaria.
        Yo estoy en Veracruz.

En el idioma hablado se usan las contracciones por comodidad y
rapidez. Practique mucho esta forma porque es la más usada cuando se habla.

* **I'm a secretary**
  (áim a sékretari).
  Yo soy secretaria.

* **I'm in Veracruz**
  (áim in veracruz).
  Yo estoy en Veracruz.

* **He's a bus driver**
  (jis a bos dráiver).
  Él es chofer de camión.

* **I'm your ghost**
  (áim iur góust).
  Yo soy tu fantasma.

* **He's in Los Angeles**
  (jís in los ányeles).
  Él está en Los Ángeles.

* **She's a typist**
  (shís a táipist).
  Ella es mecanógrafa.

* **She's in the office**
  (shís in de ófis).
  Ella está en la oficina.

Verbo to be (ser o estar)

Hasta ahora hemos visto el verbo to be como el verbo español ser.
Aquí encontrará ejemplos con su otro uso: como el verbo estar.
Así, según lo que se diga se traduce como ser o estar.

Orden de la oración:

Sujeto	verbo	complemento
I	am	a secretary
I	am	in Veracruz

- **I am a secretary**
  (ái am a sécretari).
  Yo soy secretaria.

- **I am in Veracruz**
  (ái am in vercrus).
  Yo estoy en Veracruz.

- **He is a bus driver**
  (ji is á bos dráiver).
  Él es chofer de camión.

- **He is in Los Angeles**
  (ji is in los ányele).
  Él está en Los Ángeles.

- **I'm at the frontier**
  (aím at de fron tir).
  Estoy en la frontera.

FORMA NEGATIVA VERBO TO BE
USANDO CONTRACCIONES

Las contracciones en el inglés hablado se usan siempre para simplificar. Así en vez de decir dos palabras, se dice sólo una. Aprenda las formas:

I'm not (I am not)
You aren't (you are not)
He isn't (he is not)
She isn't (she is not)
It isn't (it is not)
We aren't (we are not)
You aren't (you are not)
They aren't (they are not)

- **It isn't a bistec**
  (it ísnt a bístek).
  No es un bistec.

VERBO TO BE. NEGANDO

- **I am not a doctor**
  (ái am no t a dóktor).
  Yo no soy doctor.

- **She is not a businesswoman**
  (shí is not a bísnesgúman).
  Ella no es una mujer de negocios.

- **He is not a lawyer**
  (ji is not a lóyer).
  Él no es abogado.

- **It isn't easy**
  (it isnt úsi).
  No es fácil.

VERBO TO BE FORMA NEGATIVA

Orden de la oración:

Sujeto	*Verbo*	*Negación*	*Complemento*
He	is	not	a lawyer

Para negar agregamos la palabra not.

I am not, you are not, he is not, she is not, it is not, we are not, you are not, they are not.

- **It isn't a good sausage**
  (it lsnt a gúd sósah).
  No es una salchicha sabrosa.

- **It isn't your plane**
  (it ísnt iur plein).
  No es su avión.

PREGUNTAS EN FORMA NEGATIVA
CON CONTRACCIONES

Orden de la oración:

Verbo	*Negación*	*Sujeto o pronombre*	*Complemento*
	Isn't	she	a secretary

Nota: observe que con I (yo), en preguntas negativas no se usa contracción.

Pasado del verbo to be.
Forma interrogativa

- **Were you in your house yesterday afternoon?**
  (Igúer iu in iur jáus iésterdey áfter nun?)
  ¿Estuviste en tu casa ayer en la tarde?

- **Yes, I was in my house yetterday.**

- **Were they at home last Sunday?**
  (¿güer dey at jom last sóndei?)
  ¿Estuvieron ellos en casa el domingo pasado?)

- **Yes, they were at home last Sunday.**

- **Were you in Chihuahua last June?**
  (¿güer iu in chihuahua last yun?)
  ¿Estuviste en Chihuahua en junio pasado?

- **Yes, I was in Chihuahua last June.**

- **Were they good husbands?**
  (¿güer dey gud jósbands?)
  Eran ellos buenos esposos?

- **Yes, Peter and Paul were good husbands.**

- **Were Mary and Alice efficient secretaries?**
  (¿güer méri and ális efishient sécretaris?)
  ¿Eran María y Alicia secretarias eficientes?

- **Yes, they were efficient secretaries.**

- **Were your brother and Peter at school last Monday?**
  (¿güer iur bróder and píter at skúl last móndei?)
  ¿Estuvieron tu hermano y Peter en la escuela el lunes pasado?

- **Yes, they were at the school last Monday.***

- **Was it dark?**
  (uas it dark?)
  ¿Estaba oscuro?

---

* Observe cómo hemos sustituido los nombres de las personas por el pronombre they. En vez de Mary and Alice were efficient secretaries: They were efficient secretaries. Una forma que nos permite más rapidez.

PASADO DEL VERBO TO BE

Nota: el pasado del verbo to be para las primeras personas: I, he, she, it, es: was.

Para: we, you, they = were.

Las preguntas se formulan con la forma del pasado del verbo al principio.

Verbo **Sujeto** *Complemento*

Was   it   a good dog?   (¿Era un buen perro?)

Para negar:

Verbo **Sujeto** *Negación* *Complemento*

It   was   not   a good dog   (No era un buen perro.)

Con contracciones:

- **It wasn't a good dog.**

- **Wasn't it a good dog?**

- **Wasn't she your nice?**
  (úasn t shi iur n ís?)
  ¿No era tu sobrina?

- **Was she at the beach?**
  (uas shi at de bich?)
  ¿Estaba en la playa?

- **Was she 20 years old?**
  (uas shi tu enti íers óuld?)
  ¿Tenía veinte años?

PASADO DEL VERBO TO BE

I was - yo era *(ai uás)*
he was - él era *(ui uás)*
she was - ella era *(shí uás)*
it was - era *(ít uás)*

- **I was tall** *(ay uás tol)* Yo era alto.
- **He was short** *(jí uás short)* Él era bajo.
- **She was fat** *(shí uás fat)* Ella era gorda.
- **It was a good dog** *(ít uás a gud dog)* Era un buen perro.

We were - nosotros éramos *(güi uér)*
You were - ustedes eran *(iu uer)*
They were - ellos, ellas eran *(dey uér)*

- **You were skinny** *(iu uérskíni)* Tú eras flaco.
- **We were strong** *(güi uérstrong)* Nosotros éramos fuertes.
- **They were sad** *(déy uérsad)* Ellos estaban tristes.

You were - usted estaba
We were - nosotros estábamos
You were - ustedes estaban
They were - ellos, ellas estaban

- **You were in Mexico** *(iu uér in méksicou)* Tú estabas en México.
- **We were in Chicago** *(güi uér in chicágou)*
  Nosotros estábamos en Chicago.
- **They were in New York** *(dey uér in niúu york)*
  Ellos estaban en Nueva York.
- **Mary and Alice were in Washington** *(méri and ális uér in uáshinton)* Mary y
  Alice estaban en Washington.

- **It wasn't a good dog**
  (ít t úasn t a gún dóg)
  No era un buen perro.

ADJETIVOS POSESIVOS

* **I am in my house**
  (ái am in mái jáus).
  Yo estoy en mi casa.

* **You are in your office**
  (iu ar in iur ófiss).
  Tú estás en tu oficina.

* **We are in our garden**
  (güi ar in áuer gárden).
  Nosotros estamos en nuestro jardín.

* **You are in your living-room**
  (iu ar in iur lívin rúm).
  Ustedes están en su sala.

* **They are in their bedroom**
  (déi ar in déir bédrum).
  Ellos están en su recámara.

* **They are in their country**
  (déi ar in déir cóuntri).
  Ellas están en su país.

* **Peter is in his bedroom**
  (Píter is in jís bédrúm).
  Pedro está en su recámara.

* **Jane is in her house**
  (Yain is in jer jáus).
  Jane está en su recámara.

* **That's her hat**
  (dáts jer ját).
  Ése es su sombrero (de ella).

* **This is its little house**
  Ésta es su casita (de un perro por ejemplo, ya que habla de it)
  (dis is íts lí tl jáus)

Nota gramatical: para indicar posesión de algo por alguien, se usan las siguientes formas antes del sustantivo.

his	su	(de él)
her	su	(de ella)
its	su	(hablando de un animal o cosa)

Se colocan antes del sustantivo. Observe el uso de your y their: no cambian ni en género ni en número.

THIS (ESTE, ESTA)

Nota gramatical: usado como pronombre, en sustitución del nombre, o como adjetivo demostrativo: indica posición de cercanía. No varía en género.

* **This is a sweater**
  (dis is a suéder).
  Éste es un suéter.

* **This is an apple**
  (dis is an ápol).
  Ésta es una manzana.

* **This is my house**
  (dis is mai jáus).
  Ésta es mi casa.

THIS (ESTE, ESTA). QUESTIONS (PREGUNTAS)

* **Is this a sweater?**
  (¿is dis a suéder?)
  ¿Es éste un suéter?
  Yes, it is

* **Is this an apple?**
  (¿is dis an ápol?)
  ¿Es ésta una manzana?
  Yes, it is.

* **Is this a dog?**
  (¿is dis a dog?)
  ¿Es éste un perro?
  No, it isn' t

* **Is this your hammer?**
  (is dis iur jámer?)
  ¿Es Éste tu martillo?
  No, it is'nt?

* **Is this your father?**
  (¿is dis iur fáder?)
  ¿Es éste tu padre?
  No, he isn't.

* **Is this your house?**
  (¿is dis iur jáus?)
  ¿Es ésta tu casa?
  No, it isn't.

* **Is this your job?**
  (lis dis iur yob?)
  ¿Es éste tu trabajo?
  No, it isn't.

THAT (ESE - ESA)

* **That is my letter**
  (dat is mái léder).
  Ésa es mi carta.

* **That is your envelop**
  (dat is iur énvélop).
  Ése es tu sobre.

* **That is his stamp**
  (dat is jis stamp).
  Ése es su timbre.

* **That is a mailbox**
  (dat is a meilbóks).
  Ése es un buzón.

ADJETIVOS CALIFICATIVOS

Nota gramatical: especifican las características del sujeto, a quien define, se trate de persona, animal o cosa. En inglés van siempre antes del sustantivo.

	adjetivo	sustantivo		
Ejemplo;	**good**	**boy**	(niño bueno)	*(gúd boi)*
	bad	**girl**	(niña mala)	*(bád gerl)*

* **He's a rich man**
  (jís a rich mán).
  Es un hombre rico.

* **It's a big house**
  (íts a big jáus).
  Es una casa grande.

* **It's a false coin**
  (Íts a fóls kóin).
  Es una moneda falsa.

* **It's a small field**
  (íts a smol fíld).
  Es un campo pequeño.

* **Juan is a good boy**
  (Juan is a gud boy).
  Juan es un buen muchacho.

* **Peter's father is intelligent**
  (píters fáder is intéliyent).
  El papá de Pedro es inteligente.

* **He's an intelligent man**
  (jís an intéliyent man).
  Él es un nombre inteligente.

* **It isn't an easy job**
  (it ísntan ísi iob).
  No es un trabajo fácil.

GOING TO. FUTURO CONTINUO

Nota gramatical. esta forma del idioma inglés expresa una acción futura, que va a suceder. Se traduce como: voy a... vas a... vamos a...

Forma de la oración.

Sujeto	Verbo to be	Going to	Verbo en su forma simple	Complemento
I	am	going to	buy	a car
He	is	going to	buy	a book
We	are	going to	work	on Sunday

Nota. Como recordará, en inglés se usan siempre las contracciones en la forma hablada, como es tan usual, pratiquemos esta forma con contracciones.

- **I'm going to study music**
  (aim goin tu stodi miusik).
  Voy a estudiar música.

- **Where are you going to study?**
  (juér ar iu góin tu stodi?)
  ¿Dónde vas a estudiar?

- **I'm going to study with Mrs. Lark**
  (áim goin tu stodi wiz míses Lárk).
  Voy a estudiar con la señora Lark.

- **Who else studies music?**
  (¿jú éls stódis miusik?)
  ¿Quién más estudia música?

- **My son**
  (mai son).
  Mi hijo.

- **Is he going to have lessons too?**
  (is jí goin tu jáv lésosns tú?)
  ¿Va a tomar él también clases?

- **No, he isn' t going to**
  (nou, jí ísnt going tu).
  No.

- **He's going to play rumba next**
  (jís goin tu plei rumba nékst).
  Va a tocar rumba a continuación.

GOING TO

- **I am going to pay you tomorrow**
  (ái am góing tu péi iu tumórrou).
  Voy a pagarte mañana.

- **We are going to drive**
  (güi ar góing tu dráiv).
  Nosotros vamos a manejar.

- **They are going to fly to Texas**
  (déi ar góing tu flai tu teksas).
  Ellos van a volar a Texas.

- **It's going to fight tomorrow**
  (íts goin tu fáit tumorrou).
  Va a pelear mañana.

Conjugación

FORMA INTERROGATIVA

- **Am I going to pay you tomorrow?**
- **Are you going to pay me tomorrow?**
- **Is he going to pay you tomorrow?**
- **Is she going to pay you tomorrow?**
- **Is it going to rain?**
- **Are we going to pay you tomorrow?**
- **Are you going to pay me tomorrow?**
- **Are they going to pay you tomorrow?**

GOING TO NEGANDO

- **My boss isn' t going to buy a new tractor**
  (mai bós ísnt goin tu bai a niu tráktor).
  Mi patrón no va a comprar un nuevo tractor.

- **Peter isn't going to construct a new barn**
  (píter ísnt góin tu konstrók a niu bárn).
  Pedro no va a construir un nuevo granero.

- **Mr. Clark isn't going to repair the barnyard**
  (míster Klark isnt goin tu ripér de bárnyard).
  El señor Clark no va a reparar el corral.

WHERE: DÓNDE

Preposiciones in - on

P • **Where's the cat?**
(¿juérs de kat?)
¿Dónde está el gato?

R • **It is in the living room on the sofa**
(it is in de lívin rum, on de sóufa).
Está en la sala, sobre el sofá.

P • **Where is the stamp?**
(¿juér is de stámp?)
¿Dónde está el timbre?

R • **It is on the envelop**
(it is on de énvélop).
Está en el sobre.

P • **Where is the book?**
(¿juér is de búk?)
¿Dónde está el libro?

R • **It is on the table**
(it is on de téibol).
Está en la mesa (encima).

P • **Where is Peter?**
(¿juér is Píter?)
¿Dónde está Pedro?

R • **He is in his classroom**
(ji is in jis klásrum).
Él está en su salón de clases.

P • **Where is your father?**
(¿juér is iur fáder?)
¿Dónde está tu padre?

R • **He is in his office**
(ji is in jis ófis).
Él está en su oficina.

• **Where's the bowl?**
(¿juérs de bóul?)
¿Dónde está el tazón?

• **It's on his head**
(íts on jis jed).
Está en su cabeza.

P = pregunta con where.
R = respuesta con preposiciones in, on; en español, en.

Nota gramatical: in se usa para indicar dentro de algo; on indica contacto con superficie, on se traduce como en, pero se usa de distinta manera.

WHERE - IN FRONT OF

(júer)   (in front of)
Dónde   En frente de

- **Where is your desk?**
  (¿júer is iur desk?)
  ¿Dónde está tu escritorio?

- **It's in front of Mary's desk**
  (íts in front of méris desk).
  Está enfrente del escritorio de Mary.

BEHIND - WHERE

(bijáind)   (júer)
Detrás   Dónde

- **Where is the cat?**
  (¿júer is de kat?)
  ¿Dónde está el gato?

- **The cat is behind the sofa**
  (de kat is bijáind de sófa).
  El gato está detrás dél sofá.

- **It's behind the sofa**
  (íts bijáind de sófa).
  Está detrás del sofá.

VERBO TO HAVE (TENER)

- **I have black eyes**
  (áí jav blak áis).
  Yo tengo los ojos negros.

- **We have long legs**
  (güi jav lon legs).
  Nosotros tenemos piernas largas.

- **You have long hair**
  (iu jav long jéer).
  Tú tienes el cabello largo.

- **They have big hands**
  (dei jav big jáns).
  Ellos tienen manos grandes.

- **You and Peter have beautiful eyes**
  (iu and Píter jav biúriful áis).
  Tú y Pedro tienen ojos bonitos.

Preguntas con to have

- **Have I beautiful eyes?**
  (¿jav ái biúriful áis?)
  ¿Tengo yo los ojos bonitos?

- **Have you long hair?**
  (¿jav iu long jéer?)
  ¿Tienes el cabello largo?

- **Have we strong muscles?**
  (¿jav güi strón móscls?)
  ¿Tenemos músculos fuertes?

- **Have you and Peter big noses?**
  (¿jav iu and Píter bíg nóuses?)
  ¿Tienen tú y Pedro narices grandes?

- **Have you something to share?**
  (¿jáv iu sómzin tu shér?)
  ¿Tienes algo que compartir?

Conjugación presente

- I have
- You have
- We have
- You have
- They have

Forma interrogativa

- Have I?
- Have you?
- Have we?
- Have they?

VERBO TO HAVE TERCERAS PERSONAS. HE, SHE, IT

Nota gramatical: con las terceras personas: he, she, it; el verbo to have se trasforma en has. Forma de la oración en presente:

Sujeto	Verbo	Complemento
He	has	a car
She	has	a house
It	has	a little house

- **He has an ugly mustache**
  (ji jas an ogli mustách).
  Él tiene un feo bigote.

- **She has a big mouth**
  (shi jas a big mauz).
  Ella tiene la boca grande.

- **The dog has a short tail**
  (de dog jas a short téil).
  El perro tiene la cola corta.

- **Juan has a big house**
  (Juan jas a big jáus).
  Juan tiene una casa grande.

- **Helen has long hair**
  (Jélen jas long jéer).
  Elena tiene el cabello largo.

- **Helen's mother has a big nose**
  (Jélens moder jás a big nóus).
  La mamá de Elena tiene la nariz grande.

- **She has long hair**
  (sh i jas lon jer).
  Ella tiene el pelo largo.

- **Peter's father has a big moustache**
  (píters fáder jás a bíg mustásh).
  El papá de Pedro tiene bigote grande.

- **The cow has a bad illness**
  (de cáu jas a bad ílnes).
  La vaca está enferma.

PREGUNTAS EN NEGATIVO
CON CONTRACCIONES

- **Haven' t I beautiful eyes?**
  (¿jávent ái búriful áis?)
  ¿Tengo yo los ojos bonitos?

- **Haven't you a dog?**
  (¿jávent iu a dog?)
  ¿No tienes un perro?

- **Haven't they a job?**
  (¿jávent dei a yob?)
  ¿No tienen ellos un trabajo?

- **Hasn't he a wife?**
  (¿jásent ji a uáif?)
  ¿No tiene él esposa?

- **Hasn't Helen a husband?**
  (¿jásent jélen a jósband?)
  ¿No tiene Elena esposo?

- **Hasn't the cow good health?**
  (¿jásent de káu gud jelz?)
  ¿No tiene la vaca buena salud?

- **Haven't we enough money?**
  (¿jávent güi inóf móni?)
  ¿No tenemos suficiente dinero?

FORMA INTERROGATIVA
CON CONTRACCIONES

Haven't I?
Haven't you?
Hasn't he?
Has n't she?
Hasn't it?
Haven't we?
Haven't you?
Haven't they?

NEGANDO

I have not
You have not
He has not
She has not
It has not
We have not
You have not
They have not

CON CONTRACCIONES

• I haven't
• You haven't
• He hasn't
• She hasn't
• It hasn't
• We haven't
⁻• You haven't
• They haven't

TIEMPO PRESENTE

Nota gramatical. Se usa para expresar una acción que sucede por un tiempo continuado. Todos los días, usualmente, generalmente sucede. Forma de la oración:

Sujeto	*Verbo en infinitivo*	*Complemento*
I	study	english every day

• **I study English every day**
  (ai stódi ínglish évri dey).
  Yo estudio inglés todos los días.

• **You work hard every day**
  (iu uórk hard évri dey).
  Tú trabajas duro todos los días.

• **We work in this office**
  (güí oúrk in dis ófis).
  Nosotros trabajamos en esta oficina.

• **They prefer cherries**
  (dei prifér chérris).
  Ellos prefieren cerezas.

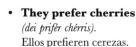

- **They study English at home**
  (dey stódi ínglish at jóm).
  Ellos(as) estudian inglés en casa.

- **I want a piece of cake**
  (ai guánt a pis of quéik).
  Yo quiero un pedazo de pastel.

- **You learn very quickly**
  (iu lern véri kuíkli).
  Tú aprendes muy rápidamente.

- **We need some pencils**
  (güi nid som pénsils).
  Nosotros necesitamos algunos lápices.

- **They prefer chocolate cake**
  (dei prifér chólolet quéik).
  Ellos(as) prefieren pastel de chocolate.

FORMA INTERROGATIVA DEL TIEMPO PRESENTE

Para preguntar se utiliza el auxiliar do y el verbo en su forma con las personas: I, you, we, they.

Auxiliar	Pronombre	Verbo en su forma simple
Do	you	drink?

- **Do I drink too much alcohol?**
  (¿du ái drink tu moch álcojol?)
  ¿Bebo demasiado alcohol?

- **Do you work in that office?**
  (¿du iu uórk in dat ófiss?)
  ¿Trabajas en esa oficina?

- **Do we sing well?**
  (¿du güi sing uél?)
  ¿Cantamos bien?

- **Do they study English?**
  (¿du déi stódi inglish?)
  ¿Estudian ellos inglés?

- **Do they need a new sweater?**
  (¿du déi nid a níuu suéder?)
  ¿Necesitan ellas un suéter nuevo?

- **Do you want a sandwich?**
  (¿du iu uót a sánduich?)
  ¿Quieres un sándwich?

- **Do we drink orange juice?**
  (¿du güi drink óranch yúus?)
  ¿Bebemos jugo de naranja?

- **Do you study English every day?**
  (¿du iu stódi ínglish évri déi?)
  ¿Estudias inglés todos los días?

- **Do they need a new desk?**
  (¿du déi nid a níúu desk?)
  ¿Necesitan un escritorio nuevo?

- **Do you earn a good salary?**
  (¿duíu ern a gud sálari?)
  ¿Gana usted un buen sueldo?

TIEMPO PRESENTE.

TERCERAS PERSONAS DEL SINGULAR: HE, SHE, IT

Nota gramatical: en las terceras personas: he, she, it se le agrega una s al tiempo presente del verbo (wear-wears, ride-rides). Forma de la oración:

Sujeto	Verbo + S	Complemento
My dog	runs	very quikly

- **She wears earrings every day**
  (shí güers írrings évri dey).
  Ella usa aretes todos los días.

- **She rides her bycicle**
  (shí ráids jer báicicol).
  Ella pasea en su bicicleta.

- **My dog runs very quicly**
  (may dog ráns véri kwkli).
  Mi perro corre muy rápido.

- **John swims on Sunday**
  (Yon suíms on sóndey).
  Juan nada los domingos.

- **Mary eats a lot of chocolates**
  (Méri íts a lot of chócoeits).
  María come muchos chocolates.

- **Your cat drinks too much milk**
  (iur kat drincs tú moch mllk).
  Tu gato bebe demasiada leche.

- **My father walks to work**
  (mai fáder guólks to uórk).
  Mi padre camina al trabajo.

- **That car runs very fast**
  (dát car rons véri fast).
  Ese carro corre muy rápido.

- **My little sister wants a sandwich**
  (mai lítl síster guánts a sánduich).
  Mi hermanita quiere un sándwich.

- **My friend Mrs. Rodríguez studies English**
  (mai frend misses Rodriguez stódis ínglish).
  Mi amiga la señora Rodríguez estudia inglés.

Nota: los verbos que terminan en y, convierten la y en i latina antes de añadirles la terminación es; ejemplo: study-studies.

TIEMPO PRESENTE. PREGUNTAS: HE, SHE, IT: PREGUNTAS CON ESTAS PERSONAS USAN EL AUXILIAR DOES.

PREGUNTAS Y RESPUESTAS

- **Does our father talk too much?**
  (¿dos ágüer fáder tok tu mochl)
  ¿Habla nuestro padre demasiado?

- **Does their secretary work on Saturday?**
  (¿dos deír sécretari uórks on sáturdey?)
  ¿Trabaja su secretaria los sábados?

- **Does his boss earn five hundred thousand pesos a montht?**
  (¿dos jis bos ern fáiv jóndred záusand pésos a monz?)
  ¿Gana su jefe quinientos mil pesos mensuales?

- **Does he need a new sales manager?**
  (¿dos jí nid a niu séils mánayer?)
  ¿Necesita él un nuevo gerente de ventas?

- **Does Mrs. Martínez drink orange juice at breakfast?**
  (¿dos misses Martínes drink óranch ius at brékfast?)
  ¿Bebe la señora Martínez jugo de naranja en el desayuno?

PREGUNTAS Y RESPUESTAS CORTAS

- **Does your cat drink milk?**
  (¿dos iur kat drink milk?)
  ¿Bebe tu gato leche?
  Yes, it does
  (íes, it dos).
  Sí.

- **Does the stark want to eat something?**
  (dós de stárk uán tu ít sómzing?)
  Quiere comer algo el tiburón?

- **Does her sister go to the theater?**
  (¿dos jer síster gou to de ziáter?)
  ¿Va su hermana al teatro?
  Yes, she does
  (íes, shí dos)
  Sí

- **Does Peter sing modern music?**
  (¿dos Piter sing módern miúsic?)
  ¿Canta Pedro música moderna?
  Yes, he does
  (íes, jí dos).
  Sí.

IMPERATIVO

Nota gramatical: para dar indicaciones u órdenes se usa esta forma igual que en español. Orden de la oración:

Verbo en su forma simple	*Complemento*
Open	the window

Nota: es muy común usar let's antes del verbo. Observe las dos formas posibles de traducción.

- **Let's go to Mexico City.**
  Vamos a México.
  Vayamos a México.

- **Let's go on a diet.**
  ¡Vamos a ponernos a dieta!
  Pongámonos a dieta.

Nota: el sujeto tú se sobrentiende pero no se expresa; igual que en español.

- **Come back!**
  Regresa.

- **Wait outside, please.**
  Espera afuera, por favor.

Nota: se suaviza la orden añadiendo la palabra por favor: please, ya sea adelante o al final.

IMPERATIVO

- **Leave your hat on the chair**
  (lív iur jat on de chéir).
  Deja tu sombrero sobre la silla.

- **Don't come back**
  (dónt kóm báck).
  No regreses.

- **Don't repeat it please!**
  (dónt ripít it plís).
  No lo repitas por favor.

- **Don't say it again**
  (dónt sei it agein).
  No lo digas otra vez.

- **Don't touch me**
  (dónt touch mí).
  No me toques.

- **Don't listen to him**
  (dónt lísen to jím).
  No lo escuches.

- **Let's get married**
  (léts get merried).
  Casémonos.

- **Let's go to the movies**
  (léts gou tu de múvis).
  Vamos al cine.

- **Let's forget our differences**
  (léts forgét aut difrens).
  Olvidemos nuestras diferencias.

- **Let's try to be happy**
  (léts trai tu bi jápi).
  Tratemos de ser felices.

- **Take it easy**
  (teik ít ísi).
  Tómala con calma.

- **Don't get nervous**
  (dóunt gét nérvous).
  No te pongas nervioso.

Nota gramatical: recuerde que el imperativo se forma con la forma simple del verbo.

IMPERATIVO

FORMA NEGATIVA: SE USA EL AUXILIAR DO Y LA NEGACIÓN NOT

- **Please don't shout.**
  Por favor no grites.

- **Don't shout, please.**
  No grites por favor.

IMPERATIVO

- **Let's go on a diet'**
  (léts gou on a dait).
  Pongámonos a dieta.

MUCH

Nota gramatical: Se usa en casos que no se puedan contar:

Ejemplo: **I eat much sugar.** Como mucha azúcar.
Cuando se puede contar se usa many.

Ejemplo: **I eat many eggs.**

How much pregunta cuánto
How many pregunta cuántos

Ejemplo: **How much sugar do you eat?**
How many eggs do you eat?

- **How many bloks do I have to walk?**
  (jau méni bloks du ai jáv tu uák?
  ¿Cuántas calles tengo que caminar?

MANY-MUCHOS

* **He smokes many cigarettes**
  (ji smóuks méni sígarets).
  Él fuma muchos cigarros.

* **How many cups of coffee do you drink?**
  (¿jáu méni káps of kófi du iu drínk?)
  ¿Cuántas tazas de café bebes tú?

* **He makes many mistakes**
  (ji méiks méni mistéiks).
  Él comete muchos errores.

* **How many windows are there in your house?**
  (¿jáu méni uíndous ar der in iur jáus?)
  ¿Cuántas ventanas hay en tu casa?

THERE IS-HAY (SINGULAR)

* **There is a large factory in this town**
  (der is a lárch fáctori in dis táun).
  Hay una fábrica grande en este pueblo.

* **There is much oil in Mexico**
  (der is móch óil in Méksicou).
  Hay mucho petróleo en México.

* **Is there milk in that bowl?**
  (is der milk in dat bóul?).
  ¿Hay leche en ese tazón?

* **There is a good restaurant**
  (der is a gud réstorant).
  Hay un buen restaurante.

How much-cuánto

Nota gramatical: para preguntar ¿cuánto? se usa la forma how much, cuando se trate de cosas que no se considera que se puede contar por unidades. Con la práctica aprenderá el uso.

* **It costs ten dollars**
  (it kóst ten dólars).
  Cuesta diez dólares.

* **How much is it?**
  (¿jáu moch is ít?).
  ¿Cuánto es?

* **It's four dollars**
  (íts fóur dólars).
  Son cuatro dólares.

How many-¿cuántos?

Nota gramatical: para preguntar cuántos con cosas y personas que se pueden contar por unidades.

* **How many friends do you have?**
  (jau méni frénds du iu jáv?)
  ¿Cuántos amigos tienes?

* **How many dollars will you pay me?**
  (jau méni dólars uil iu peí mí?)
  ¿Cuántos dólares me pagará?

* **How many years will you have to study?**
  (jau meni íers uil iu jáv tu stódi?)
  ¿Cuántos años tendrás que estudiar?

* **How many birds are there?**
  (¿jau meni birds ar der?)
  ¿Cuántos pájaros hay ahí?

There are-Hay (plural)

- **There are high mountains in Mexico**
  (der ar jái móuntains in Méksicou).

- **There are many flowers in that vase**
  (der ar méni fláuers in da t véis).
  Hay muchas flores en ese jarrón.

Questions. Preguntas

- **Are there some rabbits in that farm?**
  (¿ar der som rábis in dat farm?)
  ¿Hay algunos conejos en esa granja?

- **Are there many workers in that factory?**
  (¿ar der méni uórkers in dat fáctori?)
  ¿Hay muchos trabajadores en esa fábrica?

- **Are there some vegetables in that garden?**
  (¿ar der sóm beíshtebls in dat gárden?)
  ¿Hay algunos vegetales en ese jardín?

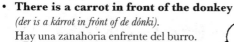

- **Are there many flowers en that vase?**
- **Are there high mountains in Mexico?**
- **Are there many children in that school?**
- **Is there much oil in Mexico?**
- **Is there a good restaurant?**
- **Is there a large factory in this town?**

- **There is a carrot in front of the donkey**
  (der is a kárrot in frónt of de dónki).
  Hay una zanahoria enfrente del burro.

FORMA ING. PRESENTE CONTINUO

Nota gramatical: para expresar una acción que está sucediendo en el momento, se usa esta forma. Se añade al verbo la terminación ing.

Ejemplo: **I'm studying English**
You're working hard

Se forma con el verbo to be y la terminación ing en el verbo:

Orden de la oración:

Sujeto	verbo to be	verbo + ing	complemento
I	am	studing	English
You	are	working	hard

Presente:
• **I'm studing English now**
(aim studin inglish naw).
Estoy estudiando inglés ahora.

Pregunta:
• **Are you working hard?**
(ar iu vorkin jar?).
¿Estás trabajando duro?

Pregunta negando:
• **Aren't you working hard?**
(aren iu vorkin jar?).
¿No estás trabajando duro?

Futuro:
• **Will you be working hard next year?**
(uil iu bi uorkin járd nékst íer?)
¿Estarás trabajando duro el próximo año?

Pasado:
• **Were you working hard last year?**
(üer iu órkin jard lást íear?)
¿Estuviste trabajando duro el año pasado?

Presente continuo:
Forma ing con contracciones

- **What is Mr. Johnson doing now?**
  (¿juát is míster yónson dúin náu?)
  ¿Qué está haciendo el señor Johnson ahora?

- **She's reading a book**
  (chís ridin a buk).
  Está leyendo un libro.

- **What are you doing now?**
  (¿juát ar iu dúin náu?).
  ¿Qué estás haciendo ahora?

- **I'm studying my English lesson**
  (áim stódin mai ínglish léson).
  Estoy estudiando mi lección de inglés.

- **What are your children doing?**
  (¿juát ar iur chíldren dúin?).
  ¿Qué están haciendo tus hijos?

- **They're playing in the garden**
  (déir pléin in de gárden).
  Ellos están jugando en el jardín.

- **What are your friends doing?**
  (¿juát ar iur frends dúin?)
  ¿Qué están haciendo tus amigos?

- **They're swimming in the pool**
  (déir súimin in de púl).
  Están nadando en la alberca.

- **Where are you working now?**
  (¿juér ar iu uórkin náu?)
  ¿Dónde estás trabajando ahora?

ADJETIVOS DEMOSTRATIVOS

Me, you, him, her, us y them

- **I'm talking to you**
  (aím tókin tu iu).
  Te estoy hablando.

- **He's talking to me**
  (jís tókin tu mí).
  Él me está hablando.

- **She's looking at him**
  (shís lúkin at jím).
  Ella lo está mirando.

- **Mr. Ford is talking to them**
  (míster For is tókin to dém).
  El señor Ford está hablando con ellos.

- **They want to visit us**
  (dei uánt tu vísit ós).
  Ellos quieren visitarnos.

WHEN-CUÁNDO

- **When do you go to the dentist?**
  (¿juén du iu góu tu de déntist?)
  ¿Cuándo vas al dentista?

- **I go every year**
  (ai góu évri yér).
  Voy cada año.

- **When do you study your lessons?**
  (¿juén du iu stódi iur lésons?)
  ¿Cuándo estudias tus lecciones?

- **I usually study at night**
  (ai iúshuali stódi at náit).
  Generalmente estudio en la noche.

- **When does he leave for Veracruz?**
  (¿juén dos jí lív for Veracrus?)
  ¿Cuándo sale él para Veracruz?

- **When did you buy your car?**
  (¿juén did iu bay iur kár?)
  ¿Cuándo compraste tu carro?

- **I bought it last February**
  (ai bót ít lást fébrriari).
  Lo compré el pasado febrero.

- **When did your parents go to Chihuahua?**
  (¿juén did iur párents góu tu Chihuahua?)
  ¿Cuándo se fueron tus padres a Chihuahua?

- **They went in April**
  (dey güent in éipril).
  Se fueron en abril.

- **When will we visit your family?**
  (juén uil ui vísit iur fámili).
  ¿Cuándo visitaremos a tu familia?

FUTURO CON EL AUXILIAR WILL

* **Peter is in the cafeteria now**
  (Píter is in di cafitíria náu).
  Pedro está ahora en la cafetería.

* **He will be in the cafeteria tomorrow too**
  (jí uíl bi in de cafitíria tumorróu tu).
  Él estará en la cafetería también mañana.

* **Mary is my new teacher**
  (Méri is mai niu tícher).
  María es mi nueva maestra.

* **Mrs. Smith will be your new teacher**
  (míses smíz uil bi iur niu tícher).
  La señora Smith será tu nueva maestra.

* **Mr. Kennedy is in Chicago this month**
  (Míster kénedi is in Shikágou dis monz).
  El señor Kennedy está en Chicago este mes.

* **He will be in Los Angeles next month**
  (jí uíl bi in los Ányeles next monz).
  Él estará en Los Ángeles el mes próximo.

* **They are at the movies now**
  (déy ar at de múvis náu).
  Ellos están en el cine ahora.

* **They will be at home at ten o'clock**
  (dei uíl bi at jóum at ten o-clok).
  Ellos estarán en casa a las diez.

* **Alice is out of town this week**
  (Ális is áut of táun dis güük).
  Alicia está fuera de la ciudad esta semana.

* **She will be here next week**
  (shí uíl bi jíer nekst güik).
  Ella estará aquí la próxima semana.

* **I'll be in Washington next month**
  (aíl bi in Váshinton nekst monz).
  Estaré en Washington el próximo mes.

* **He will fly**
  (ji uil flai).
  Él volará

FUTURO. WILL

- **We'll be at the movies at eight o'clock**
  (uil bi at de múvis at eit o clók).
  Estaremos en el cine a las ocho.
- **It'll be a wonderful day**
  (itl bí a uánderful dei).
  Será un día precioso.
- **You'll be my partner**
  (iul bi mai pártner).
  Tú serás mi socio.
- **It'll be a wonderful party**
  (í tl bi a uánderful párti).
  Será una fiesta maravillosa.

Nota gramatical: para expresar acciones que sucederán en el futuro se agrega el auxiliar will antes de la forma simple del verbo:

Forma de la oración:

Sujeto	*auxiliar*	*verbo*	*complemento*
She	will	study	English

- **I will always be with you**
  (a í uil ólueis bi uiz iu).
  Siempre estaré contigo.

FUTURO DEL VERBO TO BE

El tiempo futuro del verbo to be se forma como el futuro de todos los otros verbos: usamos el auxiliar will y la forma simple del verbo. Ejemplo: I will be a teacher. Yo seré maestro. Son muy usuales sus contracciones: I'll, you'll, he'll, she'll, we'll, etcétera.

- **I'll be an engeneer.**
  Yo seré ingeniero.
- **You'll be a good doctor.**
  Tu serás buen doctor.
- **He'll be a good father.**
  El será un buen padre.
- **She'll be a good nurse.**
  Ella será una buena enfermera.
- **They'll be good mechanics.**
  Ellos serán buenos mecánicos.
- **We'll be in Texas.**
  Estaremos en Texas.
- **You'll be downtown.**
  Ustedes estarán en el centro.

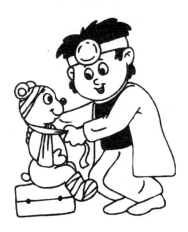

HOW OLD-CUÁNTOS AÑOS

Nota gramatical: how old = pregunta ¿qué edad tienes? ¿Cuánto años tienes? Se contesta literalmente traducido al español = Yo soy veinte años. Como verá no se puede traducir literalmente. Hay que aprender la forma de preguntar y contestar sobre la edad en inglés.

- **How old are you?**
  (¿jáu óuld ar iu?)
  ¿Cuántos años tienes?

- **I'm twenty years old**
  (am tuénti íers old).
  Tengo veinte años.

- **How old is he?**
  (¿jáu óuld is ji?).
  ¿Cuántos años tiene él?

- **He's ten years old**
  (jis ten íers old)
  Él tiene diez años

- **How old is she?**
  (¿jáu óuld is shí?)
  ¿Cuántos años tiene ella?

- **She's forty years old**
  (Shí fóri íers old).
  Ella tiene cuarenta años.

- **How old is your father?**
  (¿jáu óuld is iur fáder?)
  ¿Cuántos años tiene tu padre?

- **He's seventy years old**
  (jis séventi íers old).
  Él tiene setenta años.

- **How old is her husband?**
  (¿jáu óuld is jer jósband?)
  ¿Cuántos años tiene su esposo?

- **How old are they?**
  (jau óuld ar dei?)
  ¿Qué edad tienen ellos?

CAN-PUEDO

El verbo can se usa en inglés para expresar que, física o mentalmente, se puede hacer algo, se tiene habilidad para ello.

- **I can play the guitar**
  (ai kan plei de guítar).
  Yo puedo tocar la guitarra.

- **I can drive**
  (ai kan dráiv).
  Yo puedo manejar.

- **She can swin for hours**
  (shí kan súim for áuers).
  Ella puede nadar durante horas.

- **We can speak three languages**
  (güi kan spík tri lángüishes).
  Nosotros podemos hablar tres idiomas.

- **Tony can read English**
  (güi kan rid ínglísh).
  Tony puede leer en inglés.

- **They can dress as humans**
  (dei kan drés as jíumans).
  Ellos se pueden vestir como los humanos.

Nota: can es usado con la forma simple de otro verbo y expresa una idea presente o una idea futura.

PREGUNTAS

- **Can Peter speak english?**
  (kan Píter spík ínglish?)
  ¿Puede Pedro hablar inglés?

- **Can my friend Alice come with us to the movies?**
  (kan mai fiend Ális kom güiz os tu de múvis?)
  ¿Puede mi amiga Alicia venir al cine con nosotros?

- **Can you understand everything I say?**
  (kan iu onderstánd évrizing ei se?)
  ¿Puedes entender todo lo que digo?

- **Can you do all these exercises?**
  (kan iu dv ol díis eksersáisces?)
  ¿Pueden ustedes hacer todos estos ejercicios?

ORACIONES NEGATIVAS

- **I can not speak English well yet**
  (ai kan not spík ínglish güell iét).
  Yo no puedo hablar bien inglés todavía.

- **Alice can not come to the movies with us**
  (álís kan nót kom tu de múvis güit ós).
  Alicia no puede venir al cine con nosotros.

- **He can not drive the car well**
  (jí kan nót dráiv de kar güel).
  Él no puede manejar bien el carro.

ORACIONES NEGATIVAS CON CONTRACCIONES

- **He can't come with us**
  (jí kant com güit ós).
  Él no puede venir con nosotros.

- **She can't jump that wall**
  (shí kant yómp dat guol).
  Ella no puede saltar esa pared.

- **We can't go to the movies today**
  (güi kánt gou tu de múvis tudey).
  Nosotros no podemos ir al cine hoy.

- **They can't do that to me**
  (dey kant du dat tu mi).
  No pueden hacerme esto.

ALSO-TOO (TAMBIÉN)

- **Emilio will also come**
  (Emilio uíl olso kóm).
  Emilio también vendrá.

- **He will come too**
  (jí uil kóm túu).
  Él vendrá también.

- **Raul can also play baseball**
  (raul kan olso pléi béisbol).
  Raúl también puede jugar béisbol.

- **He can play baseball too**
  (ji can pléi béibsbol tíu).
  Él puede jugar béisbol también.

- **It was expensive too**
  (it uás ekspensiv tíu).
  Estuvo caro también.

- **Mr. Smith also likes American food**
  (míster Smíz olso láiks américan fud).
  Al señor Smith también le gusta la comida americana.

- **He likes American food too**
  (ji láiks américan fud tíu).
  A él también le gusta la comida americana.

- **I want to dance too**
  (ai uánt tu dáns tú).
  Yo también quiero bailar.

Nota: tanto also como too significan también.
Also se usa antes del verbo.
Too se usa al final de la oración.

WHAT-QUÉ

- **What do you drink every day?**
  (¿juat du iu drink évri dey?)
  ¿Qué bebes todos los días?

- **I drink water every day**
  (ai drink guáter évri dey).
  Bebo agua todos los días.

- **What does he need?**
  (¿juat dos ji nid?).
  ¿Qué necesita él?

- **He needs some pencils**
  (jí nids som pénsils)
  Él necesita algunos lápices.

- **What does your sister study?**
  (¿juat dos iur síster stódi?)
  ¿Qué estudia tu hermana?

- **She studies English**
  (shí stódis ínglish).
  Ella estudia inglés.

- **What does your boss drink at breakfast?**
  (¿juat dos iur bos drink at brékfast?)
  ¿Qué bebe tu jefe en el desayuno?

- **He drinks tomato juice**
  (jí drinks toméiro yus).
  Él bebe jugo de tomate.

- **What do your friends need?**
  (¿juat du iur frends nid?)
  ¿Qué necesitan tus amigos?

- **The need a new sweater**
  (dey nid a niu suéder).
  Ellos necesitan un suéter nuevo.

- **What did you dance**
  (¿júat did in dáns).
  ¿Qué bailaste?

- **I danced can can**
  (ai dánst can can).
  Bailé can can.

- **What do you want to dance?**
  (júat du iu uánt tu dáns)
  ¿Qué quieres bailar?

HOW-CÓMO

- **How do you do?**
  (jáu du iu du ?)
  ¿Cómo está usted?

- **How do you go to that street?**
  (¿jáu du iu gou tu dát strút?)
  ¿Como se va a esa calle?

- **How is your father?**
  (jáu is iur fáder?)
  ¿Cómo está tu papá?

- **How are you?**
  (jáu ár !u?)
  ¿Cómo estás?

- **How is the Earth?**
  (jáu is de érz?)
  ¿Cómo es la Tierra?

- **Is it round?**
  (ís ít raund?)
  ¿Es redonda?

- **How happy are they?**
  (jáu jápi ar dei?)
  ¿Qué tan felices son?

TIEMPO PASADO CON VERBOS REGULARES

Nota gramatical: para indicar una acción que sucedió en el pasado se añade la terminación ed a la forma simple de los verbos regulares. Estudie y practique los verbos regulares. Los verbos que terminan en y cambian a i antes de acabar en ed.

Ejemplos:

Presente	*Pasado*
• **talk**	talked
• **want**	wanted
• **study**	studied

- **I study English every day**
  (ai stódi ínglish évri dey).
  Yo estudio inglés todos los días.

- **I studied English for three hours yesterday**
  (ai stódied ínglish for zri ágüers iésterdey).
  Yo estudié inglés ayer tres horas.

- **You talk too much**
  (iu tók tu moch).
  Hablas demasiado.

- **You talked two hours to Mary yesterday**
  (iu tókt tu ágüers tu Méri iésterdey).
  Hablaste con María ayer dos horas.

- **He wants a piece of cake**
  (jí guánts a pis of quéik).
  Él quiere un pedazo de pastel.

- **He wanted three pieces of cake at lunch yesterday**
  (jí guánted zri píses of quéik at lónch iésterdey).
  Él quiso tres pedazos de pastel ayer en el almuerzo.

- **She works hard every day**
  (shí uórks jard évri dey).
  Ella trabaja duro todos los días.

- **She worked from ten to ten at her office yesterday**
  (shí uórkt from ten tu ten at jer ófis iésterdey).
  Ella trabajó de diez a diez ayer en su oficina.

- **He carried chairs**
  (ji karrid chers).
  Él cargó sillas.

FORMA INTERROGATIVA

Nota gramatical: para preguntar en tiempo pasado se usa el auxiliar did.
Forma de la oración =

Auxiliar did	sujeto	verbo	complemento
Did	you	study	English?

Nota: en todas las preguntas en inglés el signo de interrogación se pone sólo al final.

- **Did you study English in New York last summer?**
  (did iu stódi ínglish in níu york last sómer?)
  ¿Estudiaste inglés en Nueva York el verano pasado?

- **Yes, I studied English in New York last summer**
  (íes, ai stódied ínglish in níu york last sómer).
  Sí, estudié inglés en Nueva York el verano pasado.

- **Did you work too little yesterday?**
  (¿did iu uórk tu lítl iésterdey?)
  ¿Trabajaste muy poco ayer?

- **Yes, I worked too little yesterday**
  (íes, ay uórkt tu lítol iésterdey).
  Sí, trabajé muy poco ayer.

- **Did he talk to John yesterday afternoon?**
  (¿did jí tók tu Yon iésterdey áfternun?)
  ¿Habló él con Juan ayer en la tarde?

- **Yes, he talked to John yesterday afternoon**
  (ies, jí tókt tu Yon iésterdey áfternun).
  Sí, él habló con Juan ayer en la tarde.

- **Dis she need a new yellow blouse last spring?**
  (¿did shí nid a niu iélou bláus last spring?)
  ¿Necesitó ella una nueva blusa amarilla la primavera
  pasada?

- **Did he really kiss her?**
  (did jí rili kis jér?)
  ¿De verdad la besó?

Nota: *los verbos irregulares* forman su pasado de manera
especial y particular. Necesita aprenderlos de memoria.

- **drive** ——————— **drove**
  (dráiv)   *(dróuv)*
  manejar

- **eat** ——————— **ate**
  (ít)   *(éit)*
  comer

- **go** ——————— **went**
  (gou)   *(güént)*
  ir

- **make** ——————— **made**
  (méik)   *(méid)*
  hacer

- **read** ——————— **read**
  (rid)   *(red)*
  leer

- **ride** ——————— **rode**
  (ráid)   *(roud)*
  montar

- **run** ——————— **run**
  (ron)   *(rán)*
  correr

- **say** ——————— **said**
  (sei)   *(séd)*
  decir

- **see** ——————— **saw**
  (si)   *(sóuld)*

- **sing** ——————— **sang**
  (sing)   *(sáng)*
  cantar

- **spend** ——————— **spent**
  (spénd)   *(spént)*
  gastar

PASADO CON VERBOS IRREGULARES

- **You went to work too late yesterday**
  (iu güent tu uórk túu léit iésterdei).
  Fuiste a trabajar muy tarde ayer.

- **He sang six songs last Sunday**
  (jí sang siks songs lást sóndei).
  Él cantó seis canciones el domingo pasado.

- **She bought a new blouse last week**
  (shí bót a niu bláus last güik).
  Ella compró una blusa nueva la semana pasada.

- **They saw two pictures last Sunday**
  (dey só tu píkchurs last sóndei).
  Ellos vieron dos películas el domingo pasado.

- **I saw your husband at his office**
  (ai só iur jósband at jis ófis).
  Vi a tu esposo en su oficina.

- **You bought an ugly desk**
  (iu bótan ógli desk).
  Compraste un escritorio feo.

* **We drank three glasses of milk at dinner yesterday**
  (güi drank zri gláses of milk at díner iésterdei).
  Bebimos tres vasos de leche ayer en la cena.

* **She went to church last sunday**
  (shí güent tu chérch last sóndei).
  Ella fue a la iglesia el domingo pasado.

* **They sang four songs at the party**
  (dei sang fóur songs at de párti).
  Ellos cantaron cuatro canciones en la fiesta.

* **He ran a lot**
  (ji rán a lot).
  Él corrió mucho.

PREGUNTAS EN PASADO CON VERBOS IRREGULARES

* **Did she go to church last sunday?**
  (¿did shí gou tu chérch last sóndei?)
  ¿Fue ella a la iglesia el domingo pasado?

* **Yes, she went to church last sunday**
  (íes, shí güént tu chérch last sóndei).
  Sí, ella fue a la iglesia el domingo pasado.

* **Did they sing four songs at the party?**
  (¿did dei sin fór sóngs at de pári?)
  ¿Cantaron ellos cuatro canciones en la fiesta?

* **Yes, they sang four songs**
  (íes, dey sán fór sóngs).
  Sí, ellos cantaron cuatro canciones.

* **Did we drink too much brandy?**
  (¿did güi drínk tu móch brándy?)
  ¿Bebimos nosotros demasiado brandy?

* **Yes, you drank too much**
  (íes, iu drank tú móch).
  Sí, ustedes bebieron demasiado.

* **They swan at the river**
  (dei suan at de ríver).
  Ellos nadaron en el río.

PARA INDICAR POSESIÓN DE COSAS O ANIMALES

- **The tail of the cat**
  (de teil of de hát).
  La cola del gato.

- **The knot of the door**
  (de nót of de dór).
  La perilla de la puerta.

- **The windows of the rest-room**
  (de uindous of the rést rúm).
  Las ventanas del cuarto de descanso.

- **The peak of the bird**
  (de pík of de bérd).
  El pico del pájaro.

PARA INDICAR POSESIÓN DE PERSONAS

- **Mary's house**
  (Méris jáus).
  La casa de María.

- **Peter's arm**
  (Píters árm).
  El brazo de Pedro.

- **My father's appartment**
  (mai fáder apártment).
  El departamento de mi papá.

- **His son's girlfriend**
  (jis sóns gérlfren).
  La novia de su hijo (de él).

- **Her daughter's boyfriend**
  (jer dóters bóifrén).
  El novio de su hija (de ella).

- **The man and the woman's hats**
  (de mán and de úmans játs).
  Los sombreros del hombre y de la mujer.

Nota gramatical: para indicar posesión de cosas o animales se usa of.

Para indicar posesión de personas se usa ei apóstrofo al lado de la persona poseedora: Mary's house.

SOME-ANY

* **We learn some new words every day**
  (güi lern som niu uérds évri dei).
  Nosotros aprendemos palabras nuevas cada día.

* **He bought some stamps at the post office**
  (jí bót som stámps at de póust ófiss).
  Él compró algunos timbres en la oficina de correos.

* **They need some oranges**
  (déi níd som óranshés).
  Ellos necesitan algunas naranjas.

* **I will need some warm clothes**
  (ái uíl níd som uárm clóuts).
  Yo necesitaré algunas ropas abrigadoras.

* **We didn't learn any new words yesterday**
  (güi dídent lern éni níuu uérds iérsterdei)
  Nosotros no aprendimos ninguna palabra nueva ayer

* **He didn't buy any stamps**
  (ji dídent bái éni stámps).
  Él no compró ningún timbre.

* **They didn't need any oranges**
  (déi dident nid éni óranshés).
  Ellos no necesitaron ninguna naranja.

* **I will not need any warm clothes**
  (ái úil not níid éni uárm clóuts)
  Yo no necesitaré ninguna ropa abrigadora

* **I won' t need any meat**
  (ái uónt níid éní míit).
  Yo no necesitaré nada de carne.

SOMEONE-ANYONE

* **There is someone at the door**
  (der is sómguán at the dóor).
  Hay alguien en la puerta.

* **I will need some new clothes**
  (ai uil níd sóm niu clóuzs).
  Necesitaré algo de ropa nueva.

GRADOS DEL ADJETIVO

COMPARACIONES DE IGUALDAD

- **The apple pie is as sweet as the lemon pie**
  (di ápl pai is as su it as de lémon pai).
  El pastel de manzana es tan dulce como el de limón.

- **This cup of coffe is as cold as yours**
  (dis kop of kófi is as kóul as íurs).
  Esta taza de café está tan fría como la tuya.

- **My steak is as good as yours**
  (mai steik is as gúd as íurs).
  Mi bistec está tan bueno como el tuyo.

Nota: para indicar comparación de igualdad se usa la palabra as antes y después del adjetivo. El adjetivo aparece en su forma simple.

Ejemplo:

   As good as   as cold as   as good as.

COMPARACIONES DE SUPERIORIDAD

- **The apple pie is sweeter than the lemon pie**
  (di ápl paí is súiter dan de lémon pai).
  El pastel de manzana está más dulce que el de limón.

GRADOS DEL ADJETIVO

- **This cup of coffee is colder than yours**
  (dis kóp of kófi is kóulder dan íurs).
  Esta taza de café está más fría que la tuya.

- **My steak is better than yours**
  (mai steik is béter dan íurs).
  Mi bistec está mejor que el tuyo.

COMPARACIONES DE SUPERIORIDAD

Nota: se usa el adjetivo añadiéndole la terminación er y la palabra than.

Ejemplo:

- sweeter than   colder than
  más dulce que   más frío que

Nota: en algunos casos tiene una forma especial el adjetivo, ejemplo: better (no se dice gooder).

COMPARATIVOS DE INFERIORIDAD

- **The lemon pie es less sweet than the apple pie**
  (de lemon pai is les suít dan de ápl pái).
  El pastel de limón es menos dulce que el pastel de manzana.

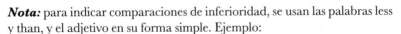

- **This cup of coffee is lees hot than yours**
  (dis kóp of kófi is lés jót dan íuis).
  Esta taza de café está menos caliente que la tuya.

- **My steak is less tender than yours**
  (mai stéik is lés ténder dan iúrs).
  Mi bistec es menos suave que el tuyo.

Nota: para indicar comparaciones de inferioridad, se usan las palabras less y than, y el adjetivo en su forma simple. Ejemplo:

- less sweet than   less hot than   less tender than
  menos dulce que   menos caliente que   menos suave que

WHICH (CUÁL)

- **Which is your bedroom?**
  (júich is iurbedrum?)
  ¿Cuál es tu recámara?

- **This is my bedroom**
  (dis is mai bédrum).
  Ésta es mi recámara.

- **Which is his office?**
  (¿júich is jis ófiss?).
  ¿Cuál es su oficina (de él)?

- **That is his office**
  (dat is jis ófiss).
  Ésa es su oficina (de él).

- **Which is her soup?**
  (júich is jer sup?)
  ¿Cuál es su sopa (de ella)?

- **This is her soup**
  (dis is jer sup).
  Ésta es su sopa (de ella).

- **Which is your juice?**
  (¿júich is iur yúus?)
  ¿Cuál es tu jugo?

- **That is my juice**
  (dat is mái yúus).
  Ése es mi jugo.

- **Which is their breakfast?**
  (¿júich is déir brékfast?)
  ¿Cuál es su desayuno (de ellos)?

- **This is their breakfast**
  (dis is déir brékfast).
  Éste es su desayuno (de ellas).

- **Which is her favorite boy-friend?**
  (juich is jer féivorit boi frén?)
  ¿Cuál es su novio preferido?

FORMAS DE SALUDO

- **Good morning**
  (gúd mórnin)
  Buenos días

- **Good afternoon**
  (gúd áftérnún)
  Buenas tardes

- **Good evening**
  (gúd ívinin)
  Buenas tardes

- **Good night**
  (gúd náit)
  Buenas noches

- **Good by**
  (gúdbai)
  Adiós

- **See you later**
  (sí iu léiter)
  Hasta luego

- **This is Mr. Smith**
  (dís is míster Smiz)
  Éste es el señor Smith

- **This is Miss Ana**
  (dís is mís ana)
  Ésta es la señorita Ana

- **Glad to meet you**
  (glád to m ít iu)
  Encantado de conocerla

- **How are you?**
  (jár ár iu)
  ¿Cómo está usted?

- **Very well, thank you**
  (véri uel zánquiu)
  Muy bien, gracias

- **And you?**
  (an iú?)
  Y usted?

- **Fine**
  (fáin)
  Bien, gracias

- **Excuse me I'm sorry**
  (éksquius mi) (áim sórri)
  Discúlpeme

Conjugación de algunos verbos

SER O ESTAR	TO BE	(TU BI)
Presente	*Present*	*(Présent)*
Yo soy o estoy	I am	*(ai am)*
Tú eres o estás	You are	*(iú ar)*
Él es o está	He is	*(hi is)*
Ella es o está	She is	*(shi is)*
Ello es o está	It is	*(it is)*
Nosotros somos o estamos	We are	*(ui ar)*
Usted o ustedes son o están	You are	*(iú ar)*
Ellas, ellos son o están	They are	*(dei ar)*
Pasado	*Past*	*(Past)*
Yo he sido o estado	I was	*(ai guas)*
Tú has sido o estado	You were	*(iú guer)*
Él ha sido o estado	He was	*(hi guas)*
Ella ha sido o estado	She was	*(shi guas)*
Ello ha sido o estado	It was	*(it guas)*
Nosotros hemos sido	We were	*(ui guer)*
Usted o ustedes han sido	You were	*(iú guer)*
Ellos, ellas han sido	They were	*(dei guer)*
Futuro	*Future*	*(Flúcha)*
Yo seré o estaré	I will be	*(ai uil bi)*
Tú serás o estarás	You will be	*(iú uil bi)*
Él será o estará	He will be	*(hi uil bi)*
Ella será o estará	She will be	*(shi uil bi)*
Nosotros seremos	We will be	*(ui uil bi)*
Usted o ustedes serán	You will be	*(iú uil bi)*
Ellos, ellas serán	They will be	*(dei uil bi)*

HABER O TENER	TO HAVE	(TU HAV)
Presente	*Present*	*(Présent)*
Yo he o tengo	I have	*(ai jav)*
Tú has o tienes	You have	*(iú jav)*
Él ha o tiene	He has	*(hi jas)*
Ella ha o tiene	She has	*(shi jas)*
Ello ha o tiene	It has	*(it jas)*
Nosotros hemos o tenemos	We have	*(ui jav)*
Usted, o ustedes han o tienen	You have	*(iú jav)*
Ellos, ellas han o tienen	They have	*(dei jav)*

CONVERSACIÓN:
CITIZENSHIP INFORMATION
(INFORMACIÓN EN LAS FRONTERAS)

- **What's your nationality?**
  (juát is iur nashionáliti?)
  ¿Cuál es su nacionalidad?

- **I'm mexican**
  (áim méksican).
  Yo soy mexicano.

- **Where were you born?**
  (juer uer iu bórn?)
  ¿Dónde nació?

- **I was born in Mexico**
  (ai uas bórn in Méksico).
  Nací en México.

- **How old are you?**
  (¿jáu óul ár iu?)
  ¿Qué edad tiene?

- **I was born on July 25th 1940**
  (ai uas bórn on vulai tuenti faiu naintín fôrti).
  Nací el 25 de julio de 1940.

- **What's your address in the United States?**
  (¿juáts iur ádres in de iunáitet stéits?)
  ¿Cuál es su dirección en los Estados Unidos?

- **Are you single?**
  (¿ár iu síngl?)
  ¿Es soltero?

- **Are you married?**
  (¿dr iu mérrid?)
  ¿Está casado?

USO DEL APELLIDO

En Estados Unidos se usa sólo el apellido paterno. Ejemplo: José Sánchez Pérez, sólo se usa: José Sánchez. Las mujeres usan sólo el apellido del marido. Ejemplo: Elena Pérez de Aguilar. Elena Aguilar.

- **I'm a widow**
  (áim úidou).
  Soy viudo.

- **Are you alone?**
  (¿ar iu alóun?)
  ¿Está solo?

- **No, I'm with my wife and children**
  (nou, aím wíz mai uáif an chíldren).
  No, estoy con mi esposa e hijo.

- **How many are you?**
  (¿jáu méni ár iu?)
  ¿Cuántos son ustedes?

- **There are six of us**
  (dér ar síks óf ós).
  Somos seis.

- **Do you have your passport?**
  (¿du iu jáv iur pásport?)
  ¿Tiene su pasaporte?

- **Here is my permit**
  (jíer is maí permít).
  Aquí está mi permiso.

- **Here is my tourist card**
  (jiér is mai túrist kárd).
  Aquí está mi tarjeta de turista.

- **Where is your health certificate?**
  (¿juér is iurgelz sertífikeit?)
  ¿Dónde está su certificado de salud?

- **Here are all my documents**
  (jíer ar ol mái dókiuments).
  Aquí están todos mis documentos.

- **Do I need something else?**
  (¿du ai níud sómzin éls?)
  ¿Necesito algo más?

- **Do you want to become an American citizen?**
  (¿du iu uánt tu bikóm an american sítisen?)
  ¿Quiere la ciudadanía americana?
  (¿Convertirse en americano?)

- **Can you speak, read, and write English?**
  (¿kan iu spík, rid, an rait Inglish?)
  ¿Puede hablar, leer y escribir en inglés?

- **Have you ever been arrested?**
  (¿jáv iu éuer bin arrésted?)
  ¿Alguna vez lo han arrestado?

- **No, I haven't**
  (nou, ai jávent).
  No.

CONVERSACIÓN: GETTING A JOB (CONSIGUIENDO EMPLEO)

- **What jobs have you held?**
  (¿júat yobs jáv fu jéld?)
  ¿Qué trabajos ha tenido?

- **What was the reason for leaving?**
  (¿júat uas de ríson for lívin?)
  ¿Por qué se salió?

- **What salary did you receive?**
  (¿júat sálari did íu recíu?)
  ¿Qué salario tenía?

- **What did you do?**
  (ijúat did iu dú?)
  ¿Qué hacía?

- **What were your job duties?**
  (¿júat uer iur yob diutis?)
  ¿Cuáles eran sus trabajos, sus obligaciones?

- **Do you have military service?**
  (¿du iu jáv milítari séruis?)
  ¿Tiene servicio militar?

- **Do you have references?**
  (¿du iu jáu réfrénses?)
  ¿Tiene referencias?

- **I would like a job as bricklayer**
  (ai uud laih a yob as bríkleier).
  Yo quisiera un trabajo de albañil.

- **I have worked as a gardener**
  (ai jau uórk as a gárdener).
  He trabajado como jardinero.

CONVERSACIÓN: LIVING ARRENGEMENTS (BUSCANDO DÓNDE VIVIR)

- **I'm looking for an apartment**
  (aím lúkin for an apártment).
  Estoy buscando un departamento.

- **I'm looking for a furnished apartment**
  (aim lukin for a fórnish apártment).
  Estoy buscando un departamento amueblado.

- **I'm looking for a place to live**
  (aím lúkin for a pléis tu líú).
  Busco dónde vivir.

- **We're looking for a place to live**
  (uir lúkin for a pleis tu líu).
  Buscamos dónde vivir.

- **We're looking for a place to sleep**
  (uir lúkin for a pleis tu slíp).
  Estamos buscando dónde dormir.

- **Are there rooms for rent?**
  (¿ar der rúms for rént?)
  ¿Hay cuartos en renta?

- **My present place is too small**
  (mai présent pléis is tú smol).
  Donde vivo ahora es muy chico.

- **I have to move**
  (ai jáve tu múu).
  Tengo que mudarme.

- **Are meals included?**
  (¿ar míls ínklúded?)
  ¿Están incluidas las comidas?

- **How much does it cost?**
  (¿jau móch dos ít kóst?)
  ¿Cuánto cuesta?

- **Do you have something cheaper?**
  (¿ du iu jáu somzin chíper?)
  ¿Tiene algo más barato?

- **How much is the room without meals?**
  (¿jau móch is de rúm uizán míls?)
  ¿Cuánto cuesta el cuarto sin comida?

- **Here is your key**
  (jíer is iur kí).
  Aquí esta su llave.

- **Please send us a blanquet, soaps and towels**
  (plís sén os a blánket, sóup an táuels).
  Por favor mándenos una manta, jábon y toallas.

- **Where is the bathroom?**
  (¿juér is de báxrum?)
  ¿Dónde está el baño?

- **Where are the outlets?**
  (¿juér arde áutdets?)
  ¿Dónde están los enchufes?

CONVERSACIÓN: THE FOOD (LOS ALIMENTOS)

- **Are you hungry?**
  (¿ar iu jóngri?)
  ¿Tienes hambre?

- **No, I'm thirsty**
  (nou áim zérti).
  No, tengo sed.

- **Where's a place to eat?**
  (¿juér is a pléis tu ít?)
  ¿Dónde hay algún lugar para comer?

- **There's a little restaurant two bloks from here**
  (dérs a litl réstorant tu bloks from jíer).
  Hay un pequeño restaurante a dos cuadras de aquí.

- **What's for lunch?**
  (¿juáts for lónch?)
  ¿Qué hay de comer?

- **I'd like to see the menu**
  (aid láik tu si de méniu).
  Me gustaría ver el menú.

- **Bring us the steack**
  (brin ós de stéik).
  Tráiganos el bisteck.
- **Bring us the menu**
  (bring ós de stéik).
  Tráiganos el menú.
- **How will you like the steak?**
  (¿jáu uil iu láik de stéik?)
  ¿Cómo va a querer el bistec?
- **I want it rare**
  (ai uant ít rér).
  Lo quiero tres cuartos (poco cocido).
- **I want it medium**
  (ai uant ít mídium).
  Lo quiero término medio.
- **Bring it well done**
  (brin ít úel dón).
  Tráigalo bien cocido.
- **What vegetables do you have?**
  (¿juát véyetabls du iu jáu?)
  ¿Qué vegetales tiene?
- **I'd rather have rice**
  (aí ráder jáve ráis).
  Mejor quiero arroz.
- **What's there for dessert?**
  (ijuáts der for désert?)
  ¿Qué hay de postre?
- **Please bring me the oil and vinegar**
  (plís bríng mi de oil an vínegar).
  Tráigame por favor el aceite y el vinagre.
- **Bring us salt and pepper**
  (bring os sólt and péper).
  Tráiganos sal y pimienta.

- **Bring some bread and butter, and the sugar**
  (bring sóm bred an búter and de shúgar).
  Traiga algo de pan, mantequilla y azúcar.
- **Bring us a knife and a fork, please**
  (bríng ós a náif an a fork, plís).
  Tráiganos un cuchillo y tenedor por favor.
- **Bring a spoon, a glass, a napkin and another plate**
  (bríng a spún, a glas, a nápkin, and anoder pléit).
  Traiga una cuchara, un vaso, una servilleta y otro plato.
- **I'd like an orange juice**
  (aid laik an óranch yús)
  Me gustaría un jugo de naranja.
- **Will you please bring toast and butter**
  (uil iu plís bring tóust an bóter)
  Quiere traer, por favor, tostadas y mantequilla
- **This plate isn't clean**
  (dis pléit isnt klín).
  Este plato no está limpio.
- **This is too sweet, and that's sour**
  (dis is tú suit and dáts sáur).
  Esto está muy dulce y eso muy amargo.
- **I didn't order this**
  (ai dídnt órder dís).
  Yo no ordené esto.
- **I want to change my order**
  (ai uánt tu chéinch mai órder).
  Quiero cambiar mi orden.

- **Bring us another portion of potatoes**
  (bríng ós anoder pórshion of potéitos).
  Tráiganos otra porción de papas.

- **Bring the coffee now**
  (bring de kofi náu).
  Traiga el café.

- **The check please**
  (de chék, plís).
  La cuenta, por favor.

- **This is for you**
  (dís is for íu).
  Es para usted.

CONVERSACIÓN: THE POST OFFICE (EL CORREO)

- **The post office, please**
  (de póust ofis, plís).
  La oficina de correos, por favor.

- **Where's the nearest post office?**
  (¿juérs de niérest póust ófis?)
  ¿Dónde está la oficina de correos más cercana?

- **Where's the mailbox?**
  (¿juérs de meílboks?)
  ¿Dónde está el buzón?

- **What's the regular postage to México City?**
  (¿juáts de régular póstash tu Méksikou síti)
  ¿Cuál es el franqueo a la Ciudad de México?

- **What's the postage for a register letter?**
  (¿juáts de póstash for a réyister léter?)
  ¿Cuál es el franqueo para una carta registrada?

- **And the air mail postage?**
  (And de éir méil póstash?)
  ¿Y el franqueo para el correo aéreo?

- **What time does the post office open? (close?)**
  (¿júat taim dós de póust ófis ópen (klóus?)
  ¿A qué hora abre (cierra) la oficina de correos?

- **I want some stamps please**
  (ai uánt som stámps plís).
  Quiero algunos timbres por favor.

- **Where's the telegram office?**
  (¿juérs de télegram ófis?)
  ¿Dónde está la oficina de telégrafos?

- **How much is it per word?**
  (¿jau móch is it per uérd?)
  ¿Cuánto cuesta cada palabra?

- **I want to send this parcel by post**
  (ai uánt to sénd dis pársel bái póust).
  Quiero enviar este paquete postal por correo.

- **Give me ten, eighteen cents stamps**
  (gíu mi tén eitín sents stámps).
  Dame diez timbres de dieciocho centavos.

- **What documents do I need to collect a pakage?**
  (¿juát dókiuments du ai níd tu holékt a pákeich?)
  ¿Qué documentos necesito para recoger un paquete?

- **Your passport will be enough**
  (yúr pásapórt uíl be enóz).
  Tu pasaporte será suficiente.

- **I need stamps and envelops**
  (ai níd stamps and énuelops).
  Necesito timbres y sobres.

- **Go to that window**
  (góu tu dát uíedou).
  Vaya a esa ventanilla.

- **I want to send a telegram. May I have a form?**
  (ai uánt tu sénd a télegmm. Met ái jáu o fórm?)
  Quiero mandar un telegrama. ¿Me da una forma?

- **I'd like to send it collect**
  (aid laik tu sénd it koléht).
  Quiero mandarlo por cobrar.

- **I'd like to send a night letter**
  (ai uánt tu sénd a nait léter).
  Quiero mandar una carta nocturna.

CONVERSACIÓN: THE HOTEL (EL HOTEL)

- **Do you know where's a good hotel?**
  (du yú nou juérs a gud jóutel?)
  ¿Sabes dónde queda un buen hotel?

- **Is it very expensive?**
  (is it uéry ehspensir?)
  ¿Es éste muy caro?

- **My name is...**
  (mái néim is...)
  Mi nombre es...

- **I don't have a reservation**
  (ai dónt jau a reseruéishon).
  No tengo reservación.

- **We have reserved a doble room**
  (ui jáu riséru a dóbl rúum).
  Hemos reservado un cuarto doble.

- **I need a single room**
  (ai níd a singl rúum).
  Necesito una habitación sencilla.

- **We have booked a room**
  (ui jáu bókt a rúum).
  Hemos reservado una habitación.

- **Do you have any room free?**
  (du yú jáu eni rúum frí?)
  ¿Tiene alguna habitación desocupada?

- **I want a doble room with bath and shower**
  (ai uánt a dobel rúum uiz bax and sháuer).
  Quiero una habitación doble con baño y regadera.

- **We have one near the stairs**
  (ui jáu uan níer de sters).
  Tenemos una cerca de las escaleras.

- **How long will you be staying?**
  (jau lóng uil yu bi stéing?)
  ¿Cuánto tiempo se quedarán?

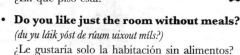

- **I ll be here until Saturday**
  (aíl be jíer óntil Saturdei).
  Estaré aquí hasta el sábado.

- **We'd like to see the room**
  (uíd laík tu sí de rúum).
  Queremos ver la habitación.

- **On what floor is it?**
  (on júat flor is ít?)
  ¿En qué piso está?

- **Do you like just the room without meals?**
  (du yu láik yóst de rúum uixout míls?)
  ¿Le gustaría solo la habitación sin alimentos?

- **Do you have something better?**
  (dú iu jáv sómzing béter?)
  ¿Tiene algo mejor?

- **Do you have something cheaper?**
  (dú yu jáu sómzing chíper?)
  ¿Tiene algo más barato?

- **Are meals included?**
  (ar míls inclúd?)
  ¿Están incluidos los alimentos?

- **Is breakfast included?**
  (is brékfast inclúd?)
  ¿Está incluido el desayuno?

- **May I see the room?**
  (mei aí si de rúum?)
  ¿Puedo ver la habitación?

- **It's too noisy**
  (its tú nóisi).
  Hay mucho ruido.

- **Do you like this one?**
  (du yú laik dís uán?)
  ¿Le gusta éste?

- **How much is the room without meals?**
  (jáu moch is de rúum uizáut míls?)
  ¿Cuánto cuesta la habitación sin alimentos?

- **My key, please**
  (mai kí plís).
  Mi llave por favor.

- **What's your room number?**
  (juáts yur rúum nómber?)
  ¿Cuál es su número de cuarto?

- **Send up my luggage please**
  (send óp mai lógash plís).
  Mande mí equipaje por favor.

- **Please send us a blanket, soap and towels**
  (plís send ós a blanquet, sóup ánd táuels).
  Mándenos por favor una cobija, jabón y toallas.

- **I wrote you last month**
  (ai róut yu lást monz).
  Le escribí el mes pasado.

- **Here's the confirmatión**
  (jíers de confirméishon).
  Aquí está la confirmación.

- **Do you have air conditioning?**
  (du yú jau eir condíshoner?)
  ¿Tiene aire acondicionado?

- **Do you have laundry service?**
  (du yú jáu lóndri sérvis?)
  ¿Tiene servicio de lavandería?

- **Do you have room service?**
  (dú yu jáv rúum seruis?)
  ¿Tiene servicio a las habitaciones?

CONVERSACIÓN: DOING SHOPPINGS (HACIENDO LAS COMPRAS)

- **May I help you?**
  (Me ai jélp iú?)
  ¿Puedo servirle en algo?

- **On what floor is the ladies department?**
  (On juát flór is de léidis depártment?)
  ¿En qué piso se encuentra el departamento de señoras?

- **I need a pair of black shoes**
  (Ai níd a péir of blák shús).
  Necesito un par de zapatos negros.

- **What size do you wear?**
  (Juát sáis dú iu uér?)
  ¿Qué talla usa?

- **I wear size number five**
  (Ai uér sáis nómber fáiu).
  Yo uso la talla número cinco.

- **I want high-heeled shoes**
  (Ai uánt jáig jíls shús).
  Quiero zapatos de tacón alto.

- **She wants low-heels slippers**
  (Shí úants lóu-jíls slípers).
  Ella quiere pantuflas de suela blanda.

- **I want a blue sweater**
  (Ai uánta blú suéter).
  Quiero un suéter azul.

- **How does it fit you?**
  (Jáu dós it fit iú?)
  ¿Cómo le queda?

- **It fits me a little tight**
  (It fits mi a lítl záit).
  Me queda un poco apretado.

- **Let me try on a larger size**
  (Lét mi trai ón a lárger sáis).
  Déjeme probarme una talla más grande.

- **Try it on, please**
  (Trái it ón, plís).
  Pruébeselo, por favor.

- **I fits me a little loose**
  (It fits mí a lítl lús).
  Me queda un poco flojo.

- **I want to try on a smaller size**
  (Ai uánt tu trái on a smóler sáis).
  Quiero probarme una talla más pequeña.

- **I think it fits me just fine**
  (Ai zính it fits mi ióst fáin).
  Pienso que me queda perfecto.

- **This shoe fits me all right. Let me try the other one**
  (Dís shú fits mi ól ráit. Lét mi trai dé óder uán).
  Este zapato me queda bien. Déjeme probar el otro.

- **Show me another style**
  (Shóu mi anóder stáil).
  Enséñeme otro estilo.

- **I want high quality ladie's underwear**
  (Ai uant jai kúaliti léidis ónderuer).
  Quiero ver ropa interior de dama de la mejor calidad.

- **Show me different colors, please**
  (Shóu mi díferent kólors, plís).
  Enséñeme diferentes colores, por favor.

- **Do you have a better quality?**
  (Dú iu jáu a béter kuáliti?)
  ¿Tiene una de mejor calidad?

- **Is this the best quality you have?**
  (Is dís de bést kuáliti iu jáu?)
  ¿Es ésta la mejor calidad que tiene?

- **I want some low priced sport shirts**
  (Ai uánt sóm lóu práis spórt shérts).
  Quiero algunas camisas deportivas baratas.

- **Do you have others at a lower price?**
  (Dú iu jau óders at a lóuer práis?)
  ¿Tiene algunas otras de menor precio?

CONVERSACIÓN: BANKS (BANCOS)

- **I'd like to open an account**
  (aíd láik tu óupen an akóunt).
  Quisiera abrir una cuenta.

- **Can you charge a twenty dollar bill?**
  (kán iu chárch a tuenti dólars bíl?)
  ¿Puede cambiarme un billete de veinte dólares?

- **Give me large bills, please**
  (gíu mí lársh bíls, plís).
  Déme billetes grandes, por favor.

- **Let me have some small change also**
  (lét mi jáu sóm smol chéinch álso).
  Déme también cambio.

- **Where can I change my money?**
  (juér kán ai chéinch mai mónei?)
  ¿Dónde puedo cambiar mi dinero?

- **Counter nomber**
  (kóunter nómber).
  Número de cuenta.

- **What is the rate for the peso?**
  (juáts de réit fór de peso?)
  ¿A cuánto toman el peso?

- **Your documents, please**
  (iur dókuments, plís).
  Sus documentos, por favor.

- **Sign here**
  (sáin jíer).
  Firme aquí.

- **Do you accept travelers checks?**
  (dú iu asépt tráuelers chéks?)
  ¿Acepta cheques de viajero?

- **Personal checks**
  (pérsonal chéks).
  Cheques personales.

- **Is the check made out to you?**
  (is dé chek méid aut tú íu?)
  Está a nombre de usted este cheque?

CONVERSACIÓN: MEDICAL ATTENTION (CUIDADOS MÉDICOS)

* **Please, take me to the hospital**
  (plís teik mi tu de jóspital).
  Lléveme por favor al hospital.

* **Take us to the clinic, please**
  (teik ós tu de klínik, plís).
  Llévenos a la clínica, por favor.

* **Where can I fin a good doctor?**
  (¿juér kan ai fain a gud dóktor?)
  ¿Dónde puedo encontrar un buen doctor?

* **I'm sick**
  (áim sík).
  Estoy enfermo.

* **I'm bleeding**
  (aím blídin).
  Estoy sangrando.

* **I need first aid**
  (ai níd férst éid).
  Necesito primeros auxilios.

* **I'd like a doctor that speaks spanish, please**
  (áid laik a doktor dat spíks spanish, plís).
  Quiero un doctor que hable español, por favor.

* **Do I have to make an appointment?**
  (¿du ai jáu tu méik an apóintment?)
  ¿Tengo que hacer cita?

* **He has a cold**
  (jí jas a kóuld).
  Él tiene catarro.

* **She has a stomach ache**
  (shí jas a stómak éik).
  Ella tiene dolor de estómago.

* **We have a toot hache**
  (ui jáu a tuz-éik).
  Nos duele una muela.

* **They have a sore throat**
  (dei jáu a sor xróut).
  Les duele la garganta.

* **I have cough**
  (aijav kóf).
  Tengo tos.

* **She has a pain in her shoulder**
  (Shí jás a péin in jer shóulder).
  Ella tiene un dolor en su hombro.

* **I feel a little nauseous**
  (ai fil a litl noúshies).
  Me siento un poco mareado.

* **I have chills**
  (ai jáu chíls).
  Tengo escalofríos.

* **She has fever**
  (shí jás fiuer).
  Ella tiene fiebre.

* **It's hard for me to breath**
  (íts jár for'mi tu bríz).
  Se me dificulta respirar.

* **Please call the doctor**
  (plís kol de dóktor).
  Por favor, llamen al doctor.

74   *Isabel Baker*

- **Wait here in the doctor's office**
  (ueit jiér in de dóktors ófis).
  Espere aquí en el consultorio del doctor.

- **Lie down**
  (lai dáun).
  Acuéstese-Recuéstese.

- **Open your mouth wide**
  (óupen iur mauz úaid).
  Abra bien la boca.

- **Stick out your tongue**
  (Stík aut iur tóng).
  Saque la lengua.

- **Do I have a fracture?**
  (du ai jáu a fráktur)
  ¿Tengo fractura?

- **Does he have a bruise?**
  (¿dosi jáu a brus?)
  ¿Tiene él una contusión?

- **Does she have a cut?**
  (¿dos shí jáu a kót?)
  ¿Tiene ella una cortada?

- **Do they have a burn?**
  (¿Du dei jáu a bérn?)
  ¿Tienen ellos una quemada?

- **How long have you had this pain?**
  (¿jau long jau iu jad dát péin?)
  ¿Hace cuánto tiempo que tiene este dolor?

- **What's the matter with me?**
  (ijuáts de máter uíd mi?)
  ¿Qué es lo que me pasa?

- **Do I have to go to the hospital?**
  (¿du ai jav tu gou tu de jóspital?)
  ¿Tengo que ir al hospital?

- **You have to stay in bed. You must rest**
  (iu jáu tu stéi in béd iu móst rést).
  Tiene que quedarse en la cama. Debe descansar.

- **Don't worry. It' nothing serious**
  (dónt uorri. íts nozin sírius).
  No se preocupe. No es nada serio.

- **How often must I take this medicine?**
  (¿jau ófen moz ái téik dis médisin?)
  ¿Qué tan seguido tengo que tomar esta medicina?

- **One teaspoon every three hours**
  (aun tíspun euri zri áurs).
  Una cucharadita cada tres horas.

THE TIME (EL TIEMPO)

- **My watch loses**
  (Mai uách lúses).
  Mi reloj se atrasa.

Hour	hora	*(auér)*
Second	segundo	*(sékond)*
Watch	reloj	*(uách)*
Clock	reloj de pared	*(klók)*
Noon	mediodía	*(nún)*
Afternoon	después del mediodía	*(áfternún)*
Minute	minuto	*(mínut)*
Midnight	medianoche	*(mídnáit)*
Evening	tarde, primeras horas de la noche	*(ívining)*
Morning	mañana	*(mórning)*
Night	noche	*(náit)*

- **What time is it?**
  (juát taim is ít?)
  ¿Qué hora tiene?

- **Its early**
  (It's érli).
  Es temprano.

- **It's late**
  (It's léit).
  Es tarde.

LAS HORAS

- **It is one o'clock**
  (ít is uan ó klock).
  Es la una.

- **It's five o'clock**
  (íts fáiu ó klock).
  Son las cinco en punto.

- **It's one thirty**
  (íts uan zérti).
  Son la una y media.

- **It's five thirty**
  (íts fáiu zérti).
  Son las cinco y media.

- **It's one and a half**
  (íts fáiv an a jalf).
  Son la una y media.

- **It's quarter past two**
  (íts kuarterpást tu).
  Son las dos y cuarto.

- **It's twenty minutes past three**
  (íts tuénti mínuts pas txrí).
  Son las tres y veinte.

- **It's twenty minutes to five**
  (íts tuénti mínuts tu fáiu).
  Son veinte para las cinco.

- **It's twenty minutes past four**
  (íts tuénti minutspást fór).
  Son las cuatro y veinte minutos.

- **It's late**
  (íts léit).
  Es tarde.

VOCABULARIO

EL SER HUMANO
BEING THE HUMAN

Hombre	man	*(man)*
Mujer	woman	*(uáman)*
Niños(as)	children	*(chíldren)*
Niño	boy	*(boi)*
Niña	girl	*(gérl)*
Niño(a)	child	*(cháild)*
Bebé	baby	*(béibi)*
Viejo(a)	old man, old woman	*(oúld man, uáman)*
Joven	young	*(ióng)*
Anciano	elder	*(elder)*
Adulto	adult	*(ádolt)*

VOCABULARIO
LAS PARTES DEL CUERPO
THE BODY

La cabeza	the head	*(de jed)*
Cabello	hair	*(jeer)*
Frente	forehead	*(fórged)*
Ceja	eyebrow	*(áibrau)*
Nariz	nose	*(nóus)*
Puente nasal	bridge	*(brídch)*
Fosa nasal	nostril	*(nóstrill)*
Sien	temple	*(templ)*
Ojo	eye	*(ai)*
Párpado superior	upper eyelid	*(oper ailid)*
Globo ocular	eyeball	*(aibol)*
Iris	iris	*(áiris)*
Pupila	pupil	*(púip)*
Pestañas	eyelashes	*(aidaahes)*
Párpado inferior	lower eyelid	*(lóuer áilid)*
Oreja	ear	*(íer)*
Lóbulo	earlobe	*(ierloub)*
Tímpano	eardrum	*(érdrom)*
Mejilla	cheek	*(chtik)*
Boca	mouth	*(mdux)*
Labios	lips	*(líps)*
Encías	gums	*(góms)*
Lengua	tongue	*(tóng)*
Velo del paladar	soft palate	*(sóft pálat)*
Campanilla	uvula	*(úuvula)*
Dientes	tooth-teeth	*(tuz) (tíz)*
Muela del juicio	wisdom tooth	*(uísdom tuz)*
Molares	molars	*(móulara)*
Premolares	premolars	*(primóulars)*
Canino	canine	*(kanáin)*
Incisivos	incisors	*(insáizers)*
Quijada	jaw	*(yóu)*
Barbilla	chin	*(chin)*
Nunca	nape	*(néip)*
Cuello	neck	*(nék)*
Garganta	throat	*(zróut)*
El tronco	the trunk	*(de tronk)*

Hombro	shoulder	*(shóulder)*
Tórax	chest	*(chést)*
Pecho, seno	breast	*(brést)*
Pezón, tetilla	nipple	*(nípl)*
Brazo	arm	*(árm)*
Axila	armpit	*(ármpit)*
Brazo	upper arm	*(óper arm)*
Codo	elbow	*(élbou)*
Muñeca	wrist	*(ríst)*
Palma	palm	*(palm)*
Monte de Venus	ball of the thumb	*(bol of de zómb)*
Pulgar	thumb	*(zómb)*
Uña	nail	*(neil)*
Puño	fist	*(físt)*
Dedos	fingers	*(fínguers)*
Yemas de los dedos	finger tips	*(fínzguer tzps)*
Nudillo	knuckle	*(nókl)*
Abdomen	abdomen	*(abdómen, belly bélli)*
Cintura	waist	*(ueist)*
Estómago	stomach	*(stómak)*
Ombligo	navel	*(néul)*
Costado	flank	*(flánk)*
Cadera	hip	*(jíp)*
Ingle	groin	*(gróin)*
Glúteos	buttocks	*(bótoks)*
Pierna	leg	*(leg)*
Muslo	thigh	*(zaig)*
Rodilla	knee	*(ni)*
Espinillas	shine bones	*(sháin bóns)*

VOCABULARIO

LA CIUDAD
THE CITY

Edificio de departamentos	Apartment building	*(apártment bílding)*
Edificio de oficinas	office building	*(ófis bílding)*
Supermercado	supermarket	*(súpermarhet)*
Tienda de autoservicio	self service shop	*(self sérvis shop)*
Fábrica	factory	*(fáctori)*
Almacén	department store	*(depártment stor)*
Tienda de ropa	clothes shop	*(klouz shóp)*
Zapatería	shoe shop	*(shu shóp)*
Ferretería	hardware store	*(járduer stór)*
Tlapalería	paint shop	*(péint shóp)*
Armería	gunsmith's	*(gqnsmizs)*
Herrería	forge	*(fórsh)*
Plomería	plumber's	*(plómbers)*
Taller	workshop	*(uérkshop)*
Farmacia	drugstore	*(drógstor)*
Joyería	jewelry shop	*(yuúbri shop)*
Frutería	fruit shop	*(frút shop)*
Verdulería	greengrocer's	*(grúngrousers)*
Carnicería	butcher's shop	*(bútchers shop)*
Lechería	dairy store	*(déiri stor)*
Abarrotes	grocery store	*(gróuseri stor)*
Vinatería	wine shop	*(uáin shóp)*
Panadería	bakery	*(béikeri)*
Pastelería	pastry shop	*(péistri shóp)*
Pescadería	fishmongers	*(fishmonguers)*
Mercado	market	*(márket)*
Salón de belleza	hairdresser beauty	*(jérdreser, biúti)*
Peluquería	barber shop	*(bárber shóp)*
Papelería	stationery shop	*(stéishoneri shóp)*
Librería	bookstore	*(búkstor)*
Biblioteca	library	*(láibrari)*
Florería	flower shop	*(fláuer shop)*
Taller mecánico	garage	*(garásh)*
Gasolinera	gas station	*(gas stéishon)*
Iglesia	church	*(cherch)*
Sinagoga	synagogue	*(sínagog)*
Templo	temple	*(témpl)*

Escuela	school	*(skául)*
Universidad	university	*(iuniuérsiti)*
Politécnico	polythecnic	*(politéknik)*
Hospital	hospital	*(jóspital)*
Hotel	hotel	*(jou tél)*
Restaurante	restaurant	*(réstorant)*
Cafetería	cafeteria	*(kafitíria)*
Cine	cinema, movies	*(sínema, múvis)*
Teatro	theatre	*(zíater)*
Museo	museum	*(miusí um)*
Galería de arte	art galery	*(árt gáleri)*
Parque	park	*(párk)*
Jardín de juegos	playground	*(pléigraund)*
Acuario	aquarium	*(akuériem)*
Feria	fair	*(fer)*
Circo	circus	*(sírkus)*
Zoológico	zoo	*(zíu)*
Camión	bus	*(bós)*
Automóvil	car	*(kar)*
Taxi	taxi	*(táxi)*
Trolebús	trolley car, street car, trolley bus	*(trólei kar, strút kar, trólei bós)*
Metro	subway, underground	*(sóbuei, underground, óndergraund)*
Motocicleta	motorcycle	*(mótorsaicl)*
Bicicleta	bicycle	*(báicicl)*
Patineta	skateboard	*(skéitbord)*
Patines	skates	*(skéits)*
Dentista	dentist	*(déntist)*
Doctor	doctor	*(dóctor)*
Casas	houses	*(jáuses)*

VOCABULARIO

LA CASA

THE HOUSE

Pared	wall	*(uól)*
Techo	roof	*(rúuf)*
Teja	tile	*(táil)*
Cielo raso	ceiling	*(súling)*
Ventana	window	*(uíndou)*
Marco de la ventana	window frame	*(uíndou freim)*
Dintel	lintel	*(líntel)*
Vidrio	window pane	*(uíndou pein)*
Balcón	balcony	*(bálkoni)*
Balcón corrido	gallery	*(gáleri)*
Terraza	terrace	*(térras)*
Porche	porch	*(pórch)*
Puerta	door	*(dór)*
Piso	floor	*(flór)*
Alero	projecting roof	*(proyéctin rúuf)*
Picaporte	doorknob	*(dórnob)*
Cerradura	lock	*(lók)*
Chimenea	hearth	*(jarz)*
Pasillo	corridor	*(kórridor)*
Lámpara	lamp	*(lamp)*
Enchufe	contact	*(kóntákt)*
Enchufe	socket	*(sóhet)*
Teléfono	telephone	*(télefoun)*
Alfombra	carpet	*(kárpet)*
Alfombrado de pared a pared	wall to wall carpeting	*(uol tu uol kárpeting)*
Tapete	rug	*(róg)*
Cortinas	curtains	*(kértns)*
Cuadros	paintings	*(péintings)*
Retratos	pictures	*(píctchers)*
Fotografías	photographs	*(ffoutografs)*
Reloj de pared	wall clock	*(uol klók)*
Apagadores	switches	*(suítchs)*
Llaves	keys	*(kíis)*
Timbre	doorbell	*(dórbel)*
Campana	bell	*(bel)*
Reja	railing	*(réiling)*

Llave de agua	faucet	*(fóset)*
Antena	T.V. antena, aerial	*(tiuí anténa; aírial)*
Antena parabólica	parabolic antenna	*(parabólik anténa)*
Barda	fence	*(féns)*
Zaguán	pórtico	*(pórtiko)*
Florero	flower vase	*(fláuer veis)*
Marcos	frames	*(freims)*
Los cuartos	the rooms	*(de ruums)*

VOCABULARIO
TALLER MECÁNICO
GARAGE

Carros	motor-cars	(mótor kirs)
Herramientas	tools	(tuuls)
Gato hidráulico	hydraulic lifting jack	(jáidraulik líftin yak)
Afinación	motor tuning	(motr-tiunin)
Cambio de frenos	brake change	(bréik cheinch)
Rectificación de frenos	brake rectification	(breik rektifihéishon)
Alineación	tire alignment	(taier aláinment)
Balanceo	tire balancing	(taier bálansin)
Hojalatería	tin work	(tin uerk)
Pintura	automotive	(otomotiu)
Mecánica automotriz	automotive mechanics	(otomotiu mekkniks)
Electromotriz	electromotive	(elektromotiu)
Cambio de aceite	oil change	(óil cheinch)
Batería	battery	(báteri)
Electrolito	electrolyte	(elektrotáit)
Radiador picado	punetured radiator	(ponksherd radiéitr)
Líquido de frenos	antifreezer, antifreezing liquid	(antaifriizér, antaifriizing likuid)
Caja de cambios	gear box	(gier bohs)
Cambio automático	automatic transmission	(otomátik transmishon)
Cambio de velocidades	gear shift	(gier shift)
Soldadura autógena	autogenous welding	(otódllerus uerlding)

VOCABULARIO

LA FAMILIA

THE FAMILY

Español	Inglés	Pronunciación
Familia	family	*(fámili)*
Padre	father	*(fáder)*
Mamá	mother	*(móder)*
Padres	parents	*(párents)*
Mamá	mummy	*(mómi)*
Papá	daddy	*(dádi)*
Hermana	sister	*(síster)*
Hermano	brother	*(bróder)*
Hijo	son	*(son)*
Hija	daughter	*(dóter)*
Hijos	children	*(chíldren)*
Esposa	wife	*(uáif)*
Esposo	husband	*(jósband)*
Tío	uncle	*(óncol)*
Tía	aunt	*(áant)*
Primo(a)	cousin	*(kósin)*
Sobrina	niece	*(nís)*
Sobrino	nephew	*(néfiu)*
Abuelo	grandfather	*(granfáder)*
Parientes	relatives	*(rélatius)*
Padres	parents	*(párents)*
Abuela	grandmother	*(granmóder)*
Abuelos	grandparents	*(gmnpárents)*
Suegro	father-in-law	*(fáder in lóu)*
Suegra	mother-in-law	*(móder in lóu)*
Cuñado	brother-in-taw	*(bróder in lóu)*
Cuñado	sister-in-law	*(síster in lóu)*
Yerno	son-in law	*(son in lóu)*
Nuera	daughter-in-law	*(dóter in lóu)*
Padrasto	stepfather	*(stépfáder)*
Madrastra	stepmother	*(stépmóder)*

VOCABULARIO
ROPA PARA HOMBRE
CLOTHES FOR MEN

El sombrero	the hat	*(de ját)*
Los anteojos	the glasses	*(de gláses)*
La camisa	the shirt	*(de shert)*
La corbata	the tie	*(de tái)*
La bufanda	the scarf	*(de skárf)*
La chaqueta	the jacket	*(de iáket)*
El suéter	the sweater	*(de suéder)*
El abrigo	the coat	*(de hóut)*
Los pantalones	the trousers	*(de tráusera)*
Los pantalones vaqueros		
o de mezclilla	the jeans	*(de yíns)*
Los calzoncillos	the undershorts	*(de óndershórts)*
Los calcetines	the socks	*(de sóks)*
Los zapatos	the shoes	(de shús)
Las botas	the boots	*(de bíuts)*

FOR WOMAN
PARA MUJERES

La peluca	the wig	*(de úig)*
La blusa	the blouse	*(de bláus)*
El brasier	the bra	*(de brá)*
La falda	the skirt	*(de skért)*
Los calzones	the panties	*(de pántis)*
La pantimedia	the panties-hose	*(de pánti jos)*
El vestido	the dress	*(de drés)*
Zapatos de tacones altos	high-heeled shoes	*(jái shúss)*
La sudadera	tshirt	*(ti shért)*

VOCABULARIO

LOS NÚMEROS

THE NUMBERS

• uno	one	*(guán)*
• dos	two	*(tú)*
• tres	three	*(zrí)*
• cuatro	four	*(fóur)*
• cinco	five	*(fáiu)*
• seis	six	*(siks)*
• siete	seven	*(séuen)*
• ocho	eight	*(éit)*
• nueve	nine	*(náin)*
• diez	ten	*(tén)*
• once	eleven	*(iléuen)*
• doce	twelve	*(tuélf)*
• trece	thirteen	*(zertín)*
• catorce	fourteen	*(fóurtín)*
• quince	fifteen	*(fíftín)*
• dieciséis	sixteen	*(síkstín)*
• diecisiete	seventeen	*(seuentín)*
• dieciocho	eighteen	*(éittín)*
• diecinueve	nineteen	*(náintín)*
• veinte	twenty	*(tuénti)*
• veintiuno	twenty one	*(tuénti guán)*
• ventidós	twenty two	*(tuénti tú)*
• veintitrés	twenty three	*(tuénti trí)*
• veinticuatro	twenty four	*(tuénti fóur)*
• veinticinco	twenty five	*(tuénti fáiu)*
• veintiséis	twenty six	*(tuénti siks)*
• veintisiete	twenty seven	*(tuénti séuen)*
• veintiocho	twenty eight	*(tuénti éit)*
• ventinueve	twenty nine	*(tuénti náin)*
• treinta	thirty	*(zérti)*
• cuarenta	forty	*(fóri)*
• cincuenta	fifty	*(fífti)*
• sesenta	sixty	*(síksti)*
• setenta	seventy	*(séuenti)*
• ochenta	eighty	*(éiti)*
• noventa	ninety	*(náinti)*
• cien	one hundred	*(guán jóndred)*
• ciento uno	one hundred one	*(guán jóndred guán)*

• ciento dos	one hundred two	*(guán jóndred tú)*
• ciento tres	one hundred three	*(guán jóndred zrí)*
• ciento cuatro	one hundred foúr	*(guán jóndred fóur)*
• ciento cinco	one hundred five	*(guán jóndred fáiv)*
• ciento seis	one hundred six	*(guán jóndred síks)*
• ciento siete	one hundred seven	*(guán jóndred séven)*
• ciento ocho	one hundred eight	*(guán jóndred éit)*
• ciento nueve	one hundred nine	*(guán jóndred náin)*
• ciento diez	one hundred ten	*(guán jóndred tén)*
• ciento veintitrés	one hondred twenty three	*(guán jóndred tuénti zrí)*
• ciento cuarenta y cuatro	one hundred forty four	*(guán jóndred fóri fóur)*
• ciento sesenta y siete	one hundred sixty seven	*(guán jóndred síksti séuen)*
• ciento ochenta y nueve	one hundred eight nine	*(guán jóndred éiti náin)*
• doscientos	two hundred	*(tú jóndred)*
• trescientos	three hundred	*(zrí jóndred)*
• cuatrocientos	four hundred	*(fóur jóndred)*
• quinientos	five hundred	*(fáiu jóndred)*
• seiscientos	six hundred	*(siks jóndred)*
• setescientos	seven hundred	*(séuen jóndred)*
• ochoscientos	eight hundred	*(éit jóndred)*
• novescientos	nine hundred	*(náin jóndred)*
• mil	one thousand	*(guás záusen)*
• mil veintiuno	one thousand twenty one	*(guán záusen tuéni guán)*
• mil trescientos cuarenta y dos	• one thousand three hundred forty two	*(guán záusen zrí jóndred fóri tu)*
• mil quinientos noventa y siete	• one thousand five hundred ninety seven	*(guán záusen fáiu jóndred náinti séuen)*
• mil seiscientos cuarenta y tres	• one thousand six hundred forty three	*(guán záusen sikes jóndred fóri zrí)*
• mil novescientos dos	one thousand nine hundred two	*(guán, záusen náin jóndred tú)*
• mil cuatro	one thousand four	*(guán záusen fóur)*
• dos mil	two thousand	*(tú záusen)*
• tres mil	three thousand	*(zrí záusen)*
• cuatro mil	four thousand	*(fóur záusen)*
• cinco mil	five thousand	*(fáiu záusen)*
• seis mil	six thousand	*(síks záusen)*
• siete mil	seven thousand	*(séuen xáusen)*
• ocho mil	eight thousand	*(éit záusen)*
• nueve mil	nine thousand	*(naín záusen)*
• diez mil	ten thousand	*(ten záusen)*
• veinte mil	twenty thousand	*(tuénti záusen)*
• un millón	million	*(guán mílion)*

ÍNDICE

Esta obra se terminó de imprimir en mayo del 2013
en los talleres de Trabajos Manuales Escolares S. A. de C.V.
Oriente 142 no. 216 col. Moctezuma 2da. Sección
C.P. 15530, México D. F.